DAUSIEN

ESKIMOMÄRCHEN

Eskimomärchen

Nacherzählt von
Jan Suchl
Illustrationen von
Denisa Wagnerová

Dausien

Ins Deutsche übertragen von I. Kondrková
Grafische Gestaltung: Ivan Urbánek

VERLAG WERNER DAUSIEN • HANAU/M.
ISBN: 3-7684-5422-3
1 01 42 52 01

INHALT

Weit oben im Norden, dort, wo den Großteil des Jahres über kalte Nacht herrscht und die Sonne nur für kurze Zeit auf Schnee und Eis herabscheint, um kärgliche Blumen und bläulichen Meeresspiegel hervorzuzaubern, leben schon viele Jahrhunderte Menschen, die sich Inuit nennen, die Eskimos.

Obwohl ihr Leben in langer Nacht und langem Winter alles andere als leicht ist, würden sie nie auf die Idee kommen, ihr Land zu verlassen. Und warum auch — sind sie doch hervorragende Jäger und Fischer, die nicht nur mit Leichtigkeit Ren und Elch erlegen, sondern es auch mit dem Wal oder gar dem Eisbären aufnehmen. Auf ihren Beutezügen streifen sie auf Schneeschuhen oder Hundeschlitten weit durchs Land oder legen unzählige Meilen in ihren Kajaks zurück.

Gegen den grimmigen Frost schützen sie sich mit Fellkleidung und -schuhen und mit Hütten aus Schnee — den Iglus, wo sie im flackernden Schein der Robbentalgkerzen die schlimmste Winterzeit verbringen, während draußen in der Finsternis der Nordwind heult, der die wilden Polarstürme mit sich bringt . . .

So irgendwie müssen im Iglu auch jene wundersamen Geschichten entstanden sein, wie sie sich die Eskimos erzählen. Geschichten von Schnee und Eis, von erstaunlichen Jagdabenteuern und allen möglichen überirdischen Wesen, guten und bösen, von Schamanen und tapferen Jünglingen, aber auch von der Zauberkraft so mancher Tiere und Vögel, denen sie auf ihren Streifzügen begegnen.

Und so wollen wir ihnen lauschen, und uns vom Bann ihrer Handlung fesseln lassen.

WIE DIE SONNE ENTSTAND

Es ist schon lange, lange her, da lebten in einem Dorf ein Mann und eine Frau.

Die Frau hatte kein leichtes Los, denn ihr Mann war böse und hatte kein gutes Wort für sie. Keinen Bissen gönnte er ihr, und von dem Essen, das sie kochte, gab er ihr nur so wenig ab, daß selbst seine Hunde besser dran waren. Wenn sie fror, jagte er sie vom Feuer weg, denn er wollte auch die Wärme ganz für sich allein haben. So böse war der Mann.

Die Frau ertrug lange ihr Schicksal geduldig, aber als es immer unerträglicher wurde, da beschloß sie schließlich, den Mann zu verlassen und zu fliehen.

Im Morgengrauen, als ihr Mann noch fest schlief, stand die Frau auf, suchte ihre Sachen zusammen und zog sich warm an. Sie nahm den wärmsten Bärenpelz, eine Mütze aus Silberfuchs, schlüpfte in ihre Seehundstiefel und verließ die Hütte.

Als der Mann erwachte, war die Frau verschwunden. Er suchte sie im ganzen Dorf, fragte die Nachbarn, aber keiner hatte sie gesehen. Wütend kehrte er in die leere Hütte zurück und wartete. Ein Tag und eine Nacht vergingen — doch die Frau kam nicht wieder zurück.

Am nächsten Morgen zog der Mann los, die Frau zu suchen. Es war ein klarer, sonniger Tag, und als der Mann auf den Hügel hinterm Dorf kam, da sah er in der Ferne am Horizont eine kleine Gestalt. „Das ist sie!“ rief er und eilte der Ausreißerin nach. Er war größer als sie und konnte längere Schritte machen, so daß sich der Abstand zwischen den beiden ständig verringerte. „Warte nur, bald hab ich dich, und dann kannst du was erleben!“ schimpfte der Mann. Da aber wurden ihm auf einmal die Beine schwer, und die Augen fielen ihm vor Müdigkeit zu. Ehe er sich’s versah, war er eingeschlafen.

Als er aufwachte, sprang er schnell auf die Beine und schaute nach seiner Frau aus. Die war, während er geschlafen hatte, wieder ein ganzes Stückchen weitergekommen.

„Denk ja nicht, daß ich dich nicht einhole!“ tobte der Mann und rannte ihr wieder nach.

Und so liefen und liefen die beiden bis ans Ende der Welt und rutschten dort hinab.

Inzwischen war es Nacht geworden.

Die Frau sah in der Ferne ein schwaches Licht, und als sie ihm nachging, kam sie in ein Dorf. Aber in was für eins! Alle Menschen, die sie dort sah, schliefen. Und sie schliefen so fest und tief, daß nichts und niemand sie aufwecken konnte.

Da ging die Frau weiter, bis sie wieder in der Ferne einen schwachen Lichtschein sah, und als sie ihm nachging, da kam sie in ein noch seltsameres Dorf, so still, daß sich nicht einmal ein Lüftchen regte. Auch hier lagen überall Menschen, nur daß diese Menschen nicht schliefen, sondern tot waren. Die Frau erkannte unter ihnen auch ihre Eltern und Großeltern, die schon vor vielen Jahren gestorben waren. Es war das Dorf des Todes.

Grauen packte die Frau, und sie rannte davon, ohne nach links oder rechts zu schauen, wollte nur fort von diesem Ort. Sie lief und lief, bis sie in der Ferne einen Lichtschein sah, der immer heller und größer wurde. Das war der heraufziehende Tag. Die Frau wäre am liebsten umgekehrt, aber sie durfte nicht einmal verschnaufen, weil ihr böser Mann ihr noch immer auf den Fersen war.

Und es war ja auch viel zu spät zur Umkehr! Die Frau lief längst nicht mehr auf der Erde, sondern über den Himmel. Und von dem schnellen Lauf begann sie immer mehr zu glühen und wurde zur Sonne.

Und der Mann, der sie verfolgte, verwandelte sich in den Mond.

Seit der Zeit läuft der Mond am Himmel der Sonne nach. Aber alle sechs Tage wird er müde und bleibt zurück. Und wenn er sich nach sechs Tagen erholt und verjüngt hat, läuft er wieder hinter der Sonne her.

Und so geht es immer weiter und weiter.

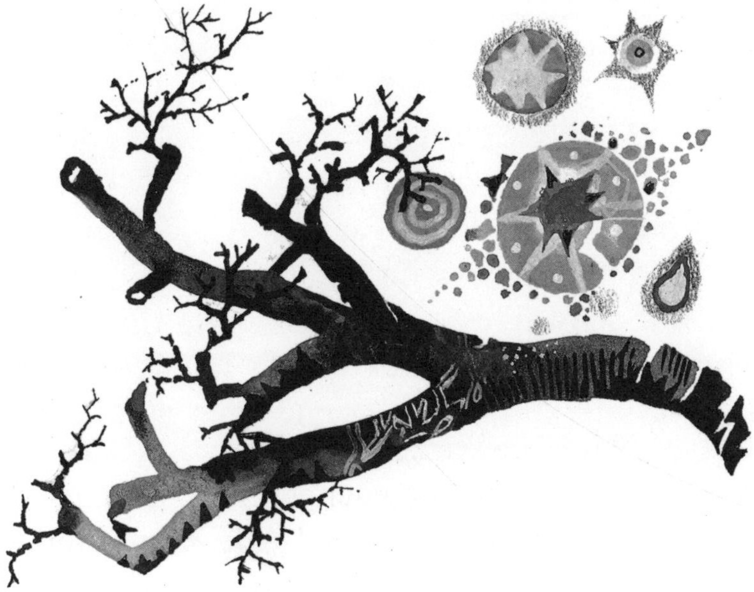

WIE EIN JUNGE DEN MENSCHEN DIE SONNE WIEDERBRACHTE

Ob ihr's glaubt oder nicht, eines Tages war die Sonne vom Himmel verschwunden. Niemand wußte, was ihr zugestoßen und wohin sie verschwunden war. Überall war schwärzeste Finsternis, und die Menschen tappten im Dunkeln umher. Nur die Sterne blinkten am Himmel, aber die geben nicht viel Licht, und der Mond konnte die Sonne auch nicht ersetzen. Es war eine traurige Zeit.

Die Zaubermänner, die im hohen Norden Angakok oder Schamanen heißen, versuchten es mit allerlei Beschwörungen. Sie verwünschten die bösen Geister und riefen die guten an, aber vergebens, die Sonne ließ sich nicht sehen.

Damals lebte in einem Dorf ein alter, weiser Angakok mit seinem Enkel. Der Angakok hatte schon so manchen von böser Krankheit geheilt und den Jägern zu guter Jagd verholfen.

„Du bist ein weiser Mann und du kannst so viele Dinge, warum zauberst du nicht die Sonne wieder herbei?" fragte der Enkel eines Tages den Alten.

„Ja, ich habe in meinem Leben schon so manchem geholfen", meinte der, „aber die Sonne zurückzuholen, so weit reicht mein Können nicht. Der Geist, der sie vom Himmel gezogen, ist mächtiger als ich."

„Und wer ist das?"

„Das weiß ich auch nicht. Wenn ich es wüßte, könnte ich uns allen vielleicht helfen."

„Ich werde die Sonne suchen gehen!" erklärte der Enkel.

Der Großvater wollte ihn erst zurückhalten, aber da der Junge fest auf seinem Vorhaben bestand, gab er schließlich nach. Doch riet er ihm, nicht nach Norden zu ziehen, sondern nach Süden, denn nur dort konnte die Sonne sein. Zum Abschied gab er dem Jungen eine Adlerfeder mit auf den Weg.

„Wenn du dir die Feder ins Haar steckst, verwandelst du dich in einen Adler“, sagte er dazu.

Der Junge verabschiedete sich vom Großvater und wanderte gen Süden. Er ging lange, so lange, bis er vor Müdigkeit nicht mehr weiterkonnte, aber die Finsternis wollte kein Ende nehmen. Da ruhte er sich ein wenig aus und setzte dann seinen Weg fort. Und wieder ging er so lange, wie ihn die Beine trugen. Als er sich ausgeruht hatte und von neuem ausschritt, da war ihm, als sei es schon nicht mehr ganz so finster.

Er traf einen Fuchs, und den fragte er: „Sag mal, weißt du vielleicht, wo die Sonne ist?“

„Siehst du den Strahl dort vorn? Gehe ihm nach, und du wirst die Sonne finden“, lautete die Antwort.

Also ging der Junge dem Strahl nach, so lange, bis er vor Müdigkeit umfiel. Als er sich ausgeruht und mit einem Stück Fleisch gestärkt hatte, da war ihm, als ob es wieder ein bißchen heller sei.

Nach einer Weile traf er eine Wölfin und sprach sie an: „Du läufst kreuz und quer durch die Welt — weißt du vielleicht, wohin die Sonne verschwunden ist?“

„Siehst du denn nicht, woher jenes Strahlenbündel dort kommt?“ antwortete die Wölfin. „Wenn du ihm nachgehst, kommst du zum Ziel.“

Der Junge hielt also auf das Strahlenbündel zu, das ihn immer weiter nach Süden führte. Wieder ging er so lange, bis er vor Müdigkeit umfiel und einschlief. Als er die Augen aufschlug, da schien ihm, als dämmere es bereits.

Nach ein paar Schritten traf er eine Bärin.

„Ich suche die Sonne“, sagte der Junge. „Hast du sie vielleicht irgendwo gesehen?“

„Ja, siehst du denn nicht den hellen Schein dort vorn hinter jenem Berg?“ fragte die Bärin. „Dort ist die Sonne.“

Der Junge hob den Kopf. Er sah in der Ferne einen hohen Berg, um den sich ein flammender Schein breitete, ganz so, als ob dahinter ein riesiges Feuer lodere.

‚Endlich werde ich die Sonne sehen, endlich bin ich am Ziel‘, freute sich der Junge und lief auf den Berg zu. Aber der war viel, viel weiter, als es ausgesehen hatte. Nur die Sonnenstrahlen, die ihn von hinten erleuchteten, hatten ihn so nah erscheinen lassen. In Wirklichkeit brauchte der Junge noch viele Tage, ehe er endlich erschöpft am Fuße des Berges angelangt war und hinaufblickte. Der Berg stieg mit rauhen, zerklüfteten Felswänden steil in schwindelerregende Höhe, daß es dem Jungen angst und bange wurde.

Der Junge überlegte. Wenn er um den Berg herumging, würde es noch viele Tage dauern, bis er auf der anderen Seite war, wo die Sonne versteckt war. Und der direkte Weg über den Berg war steil und gefährlich, wer weiß, ob er das überhaupt schaffen würde.

Da fiel ihm die Adlerfeder ein, die ihm sein Großvater, der weise Angakok, mitgegeben hatte. Wie hatte er die nur vergessen können? Er nahm sie vorsichtig in die Hand, blickte sie lange an und steckte sie sich dann ins Haar.

In dem Augenblick fühlte er sich ganz leicht werden. Und was war mit seinen Armen geschehen? Sie hatten sich in Flügel verwandelt. Er breitete sie aus und hob sich leicht von der Erde ab. Nun schwang er die Flügel, wie er es bei den Vögeln gesehen hatte, und flog über die steilen Felswände hinauf. Er stieg immer höher und höher, bis zum Gipfel des Berges. Dort setzte er sich und schaute auf die andere Seite hinunter.

Er wollte seinen Augen nicht trauen: Tief unter ihm lag eine riesige Lichtkugel.

„Die Sonne!“ schrie er. „Ich habe die Sonne gefunden!“ — ‚Aber warum liegt sie auf der Erde hinter dem hohen Berg?‘ überlegte er. ‚Warum steigt sie nicht in den Himmel, wo sie doch immer war? Das muß ich herauskriegen!‘

Und er flog hinab.

Aber was sah er? Der Sonnenball war mit einem starken Riemen am Felsen angebunden. Jemand hielt die Sonne gefangen. Aber wer?

Er flog zu dem Felsen hinab, versteckte die Feder und war wieder ein ganz gewöhnlicher Eskimojunge. Wie er so den Riemen untersuchte, mit dem die Sonne gefesselt war, hörte er hinter sich eine Stimme: „Was machst du da?“

„Ich suche die Sonne“, antwortete er unerschrocken.

„Wozu brauchst du die Sonne?“

„Und wozu brauchst du sie, daß du sie hier gefangenhältst und sie nicht auf ihre Himmelsbahn läßt?“ versetzte der Junge, der gleich begriffen hatte, daß es dieser Alte war, der ihnen die Sonne geraubt hatte.

„Ich bin alt und will sie für mich allein haben. Sie soll Tag und Nacht für mich scheinen!“

„Weil du ständig Tag haben willst, sollen die anderen Menschen in ewiger Nacht leben?“

„Was gehen mich die anderen an!“ fuhr der Alte auf. „Wenn du dich nach der Sonne sehnst, kannst du ja hierbleiben bei mir, da hast du Sonne genug. Ich kann einen Gehilfen gebrauchen und dir auch so manches beibringen, denn ich bin ein großer und mächtiger Angakok. Der größte und mächtigste von allen.“

Der Junge sah ein, daß er weder im Guten noch im Bösen etwas würde ausrichten können. Dem alten Zauberer war nur mit List beizukommen, und das brauchte Zeit. Deshalb tat er, als sei er mit dem Vorschlag einverstanden.

Der Alte führte den Jungen in eine tiefe, schmale Höhle. „Hier wohne ich“, erklärte er. „Und hier wird auch dein Platz sein.“

Die Zeit verging, und der Junge war noch immer nicht darauf gekommen, wie er den Alten überlisten und die Sonne befreien sollte. Die Menschen lebten noch immer in finsterer Nacht und gaben schon die Hoffnung auf, je wieder die Sonne zu erblicken.

Bis der Junge eines Tages auf einen riesigen Steinblock direkt über dem Höhleneingang aufmerksam wurde. Er betrachtete ihn lange und wußte nun, was zu tun war. Er mußte nur den richtigen Augenblick abwarten.

Als der alte Angakok eingeschlafen war, schlüpfte der Junge zur Höhle hinaus und grub die Erde unter dem Stein weg, so daß der direkt vor die Höhle stürzte und den Eingang versperrte.

Der Schamane hatte einen leichten Schlaf und wurde sogleich von dem Gepolter munter. Als er sah, daß der Junge verschwunden war, konnte er sich gleich denken, was geschehen war. Aber den Stein wegzuwälzen, das war nicht so einfach. Ehe der Schamane ihn wenigstens so weit von der Stelle bekommen hatte, daß er sich durch einen Spalt ins Freie zwängen konnte, hatte der Junge längst den Riemen durchgeschnitten, sich die Feder ins Haar gesteckt, die Sonne aufgehoben und war mit ihr in die Höhe geflogen.

„Gib mir meine Sonne wieder!“ schrie der böse Angakok, als er endlich aus der Höhle heraus war.

„Es ist nicht deine Sonne!“ antwortete der Junge. „Sie gehört allen Menschen!“ Und er stieg mit dem Sonnenball höher und höher in den Himmel hinauf und setzte ihn dort auf seiner Bahn ab. Seit der Zeit wandert die Sonne wieder um die Erde, und Tag und Nacht lösen einander ab, wie es sich gehört.

WIE DER MORGENSTERN ENTSTAND

In einem Eskimodorf lebte einmal ein alter Mann, ein Griesgram und Brummbär, der an allem etwas auszusetzen hatte. Ständig ärgerte er sich und schimpfte, daher ging ihm jeder aus dem Wege. Es war kein Wunder, daß er sein Leben lang allein geblieben war — welche Frau hätte es schon danach verlangt, mit einem solchen Mann, der nie lacht und nur ständig Zank und Streit sucht, unter einem Dach zu wohnen?

Dem alten Sauertopf waren vor allem die Kinder ein Dorn im Auge. Wenn sie in der Nähe spielten, schrie er sie an, sich fortzuscheren, und wenn er besonders schlecht gelaunt war, konnte es sogar geschehen, daß er etwas nach ihnen warf. Man kann es den Kindern also nicht verdenken, daß sie ihn nicht mochten.

Einmal nahm der alte Mann seine Harpune und wollte Robben fangen. Er schlug ein Loch ins Eis und wartete. Das sahen die Kinder aus dem Dorf, und um den Alten zu ärgern, begannen sie ganz in der Nähe lauthals zwischen den Eisschollen herumzutollen. Der Alte wartete, ob sich im Wasser etwas bewegte und eine Robbe ihren Kopf heraussteckte, um sie mit der Harpune zu erlegen. Es kamen auch ein paar Robben zu dem Eisloch geschwommen, aber sie verschwanden jedesmal schnell wieder in der Tiefe.Der Lärm hatte sie verscheucht. Wütend packte der Alte seine Harpune und rannte schimpfend auf die Kinder los, die natürlich schleunigst Reißaus nahmen. Aber kaum hatte er sich wieder zu seinem Eisloch begeben, waren auch die Kleinen zurück und begannen von neuem zu toben.

Da sprang der Alte wie von Sinnen auf, reckte die Arme zum Himmel und rief: „Böser Geist, sperre die Strolche ins Eis ein, damit sie Ruhe geben!"

Und es geschah: Die Eisschollen rückten krachend zusammen, und die Kinder waren spurlos verschwunden.

Der Alte lachte wohl zum ersten Mal in seinem Leben und ging zufrieden nach Hause.

Die Kinder hämmerten mit den Fäusten gegen die Eiswände, die sich plötzlich um sie geschlossen hatten. Nirgends war ein Spalt geblieben, durch den sie sich hätten hinauszwängen können. Sie weinten, jammerten, schrien, aber vergebens. Niemand hörte sie, denn ihre Stimmen konnten das dicke Eis nicht durchdringen.

„Wir werden hier verhungern", prophezeite ein Junge.

„Oder erfrieren", meinte ein anderer.

„Oder beides", sagte ein dritter.

Indem rief ein Mädchen: „Dort oben! Ich sehe den Himmel!"

Alle schauten hinauf, wo über ihren Köpfen wirklich ein Stück Himmel zu sehen war.

„Ich klettere hinauf und hole Hilfe", erklärte der älteste Junge.

Er stieg den anderen auf die Schultern und versuchte hinaufzuklettern. Aber immer, wenn er ein Stück hochgeklettert war, rutschte er wieder ab. Die Wände waren steil und glatt und zudem eiskalt, wie sollten sich die klammen Hände daran festklammern? Der Junge versuchte es immer wieder, ringsherum, doch als er es endlich fast geschafft hatte, da rutschte er wieder ab und mußte aufgeben. Die Kinder rückten eng zusammen und überlegten verzweifelt, was sie machen sollten.

Im Dorf war man inzwischen unruhig geworden. Die Kinder wurden vermißt. Eine Mutter fragte die andere, sie liefen umher, riefen, die Männer suchten die Umgebung ab, auch das zugefrorene Meer — vergebens. Die Leute fragten auch den Alten, aber der versetzte nur böse: „Was kümmern mich eure Kinder!"

Die Kinder hatten inzwischen in ihrem Eisgefängnis nicht nur unter der Kälte zu leiden, auch der Hunger meldete sich zu Wort. Verzweifelt hämmerten sie mit den Fäusten gegen die Eiswände, und dann begannen sie wieder zu weinen.

„Weinen hilft uns auch nicht", sagte der älteste Junge. „Aber vielleicht hilft etwas anderes."

Die anderen horchten auf und wollten wissen, was ihm eingefallen war.

„Wir sollten die Herrscherin der Meere anrufen. Vielleicht hört sie uns und hilft."

Von ihr hatten die Kinder von ihren Eltern gehört. Sie sollte in einem Haus aus Walbein im Meer leben und schon so manchem Menschen aus größter Not geholfen haben.

Und so begannen die Kinder zu rufen:

„Mutter der Meere, hilf uns!"

„Mutter der Meere, befreie uns!"

„Mutter der Meere, rette uns!"

Da krachte es plötzlich, wie wenn bei starkem Frost die Eisdecke bricht, und in der Höhle wurde es auf einmal hell. Das einfallende Licht war so stark, daß die Kinder geblendet die Augen schließen mußten. Und als sie sie wieder öffneten, da sahen sie, daß die Eiswände sich aufgetan hatten und der Heimweg frei war. Froh rannten sie ins Dorf zurück, wo die glücklichen Eltern sie unter Freudentränen in die Arme schlossen.

Als die Kinder berichteten, daß sie die ganze Zeit über in einer Eishöhle gefangen waren, schüttelte jedermann verwundert den Kopf. Und auch die Kinder wußten nicht zu sagen, wie sie hineingelangt waren, nur, daß sie plötzlich von undurchdringlichen Eiswänden umgeben waren. Und daß in der Nähe der Alte an einem Eisloch gesessen hatte.

Da schlug sich einer der Männer an die Stirn.

„Hört mal her!" rief er. „Sicher hat der Alte seine Hände im Spiel!"

„Ja, er, wer sonst!" riefen die Leute. „Wir werden ihn zur Rede stellen!"

Alle liefen sogleich zur Hütte des Alten.

Der schaute, von dem Tumult aufgeschreckt, hinaus, und als er die aufgebrachte Menge herankommen sah, bekam er es mit der Angst zu tun und rannte davon. Doch seine alten Beine taugten nicht mehr zu schnellem Lauf. Bald ging ihm der Atem aus, und er blieb stehen und rief den immer näher kommenden Nachbarn flehend zu: „Habt Erbarmen!" Dann verstummte er und stand nur noch still und starr da und wartete.

Plötzlich hörte man eine Stimme und die sprach: „Alter, du warst böse und hast den Menschen nur geschadet. Keine Strafe ist daher groß genug für dich. Von Stund an wirst du den Menschen helfen und dienen. Um deine Schuld zu sühnen, wirst du ewig auf einem Fleck stehen und wirst den Menschen leuchten!"

Kaum hatte der Geist zu Ende gesprochen, verwandelte sich der Alte in einen Stern. Der Stern leuchtete hell und stieg langsam nach oben. Er stieg hoch in den Himmel hinauf, bis er schließlich stehenblieb und dort für alle Zeit verweilte.

Wenn die Eskimojäger von langen Jagdexpeditionen ihre Hundegespanne über die unendliche weiße Ebene heimlenken oder ihre Kajaks über das weite Meer, richten sie sich nach ihm. Er leuchtet ihnen auf den Weg, damit sie sich nicht verfahren und sicher nach Hause finden.

Und der große Stern, der so hell leuchtet, daß er manchmal auch am Tag zu sehen ist, das ist der Morgenstern.

WIE DIE WOLKEN ENTSTANDEN SIND

Vor langen, langen Zeiten war die Erde warm. Es gab weder Schnee noch Eis, es gab keinen Nebel und auch keine Wolken.

Damals, als die Tiere noch sprechen konnten, fing einmal eine Bärin einen unvorsichtigen Fischer und brachte ihn ihren Jungen.

„Hier habt ihr was zu fressen", sagte sie. „Aber freßt ihn nicht gleich auf, wer weiß, wann ich wieder was erbeute." Sie überließ es ihren beiden Bärenkindern, sich um den Mann zu kümmern, und legte sich schlafen.

Der Fischer hatte sich tot gestellt und die Augen geschlossen. Erst als die Bärin zu schnarchen begann, blinzelte er vorsichtig unter den Lidern hervor. Aber die Bärenjungen kriegten es doch mit und schrien: „Er bewegt sich ja!"

Die Bärenmutter sprang auf, aber als sie den Fischer so leblos liegen sah, streckte sie sich wieder aus und schlief weiter. Nach einer Weile gingen die kleinen Bären hinaus, um Holz zu holen. Darauf hatte der Fischer nur gewartet. Er erhob sich ganz leise, nahm ein Holzscheit und schlug der Bärin damit auf den Kopf. Es war kein tödlicher Schlag, aber doch stark genug, um die Bärin für einen Augenblick zu betäuben. Und so konnte er schnell aus der Höhle in den nahen Wald fliehen. Der Fischer rannte, so schnell er nur konnte, aber schon hörte er die Bärin hinter sich. Da kletterte er auf einen Baum und versteckte sich in dem dichten Laub. Und die Bärin lief weiter.

‚Am besten bleibe ich hier oben, bis es dunkel wird', überlegte der Fischer. Nach Sonnenuntergang kletterte er wieder hinunter und setzte seine Flucht fort. Aber die Bärin, die immer noch in der Nähe herumschnüffelte, hatte bald seine Spur gewittert und nahm die Verfolgung auf. In seiner Angst stieß der Fischer hinter sich einen Stock in die Erde, und im gleichen Augenblick sprudelte aus dem Loch Wasser. Der Quell wurde zum Bach, der Bach zum Fluß und der Fluß zum breiten Strom.

Die Bärin aber stand am anderen Ufer und rief dem Fischer verdutzt zu: „Wie bist du denn hinüber gekommen?"

„Ich habe den Fluß einfach ausgetrunken", erwiderte der Fischer.

Da beugte sich die Bärin zum Wasser hinab und begann zu trinken. Und sie trank und trank, bis ihr Bauch immer dicker wurde und schließlich platzte. Der warme Dampf, der aus dem Leib der toten Bärin aufstieg, verdichtete sich zu Wolken, und die ziehen bis heute am Himmel dahin.

DIE WINDTORE

Es waren einmal ein Mann und eine Frau. Sie lebten schon lange zusammen, aber Kinder hatten sie nicht. Beide grämten sich darüber, am meisten die Frau, weil sie den ganzen Tag allein zu Hause war. Einmal, als der Mann auf die Jagd gehen wollte, sagte sie zu ihm: „Sieh dich nach einem Stück Holz um, aus dem du mir eine Puppe schnitzen könntest. Wenn wir schon keinen richtigen Sohn haben, so möchte ich wenigstens einen aus Holz."

Der Mann streifte durch die Tundra und konnte lange keinen geeigneten Baum finden. Nur hie und da wuchs ein verkrüppelter Strauch. Und wie er so seine Blicke durch die Gegend streifen ließ, da sah er vor sich einen silbernen Weg, der glänzte und glitzerte wie Schnee im Mondenschein. Er ging dem Weg nach, und dort, wo er plötzlich nach oben anstieg, stand einsam und verlassen ein Bäumchen.

„Das ist genau das Richtige!" freute sich der Mann, fällte das Bäumchen und nahm ein Stück von dem Stamm mit.

Zu Hause schnitzte er lange und sorgfältig an dem Holz herum, glättete es mit Fischgräten, bis aus dem formlosen Klotz ein hübsches kleines Kerlchen entstanden war. Und weil der Mann es mit viel Liebe geschnitzt hatte, um seiner Frau eine Freude zu machen, sah die Puppe wie lebendig aus, wie ein richtiger kleiner schlafender Junge. Nach dem Klotz, aus dem er gemacht war, erhielt er den Namen Klötzchen.

Die Frau konnte sich nicht satt sehen an dem Kleinen. Sie wiegte ihn und sang ihm Lieder vor, als sei er ein richtiges Kind.

„Schnitz ihm doch noch ein Schüsselchen und einen Becher", bat sie ihren Mann. Und während der ihrer Bitte nachkam, setzte sie sich hin und nähte für Klötzchen aus Fellresten hübsche Kleider. „Damit er nicht friert", erklärte sie und zog ihn sorgfältig an.

Langsam wurde es dunkel. Die Frau kochte das Abendessen. Auch Klötzchen tat sie etwas davon in die Schüssel und füllte den Becher mit Wasser. „Damit du etwas hast, wenn du in der Nacht Hunger bekommen solltest", sagte sie dabei.

Dann gingen sie schlafen. Die Frau legte Klötzchen neben sich und deckte ihn mit einer Felldecke zu.

In der Nacht wurde die Frau plötzlich munter. Ihr war, als höre sie ein Flüstern und Schmatzen. Sie setzte sich auf und lauschte. Tatsächlich, da vorn schmatzte jemand und murmelte. Sie tastete nach der Stelle, wo sie am Abend die Puppe hingelegt hatte, aber die war weg. Da weckte sie ihren Mann, stand auf und machte Licht.

Ach, war das eine Überraschung!

Am Tisch saß Klötzchen vor der Schüssel und ließ sich die kleinen Fleischstückchen schmecken. Dabei nickte er zufrieden mit dem Kopf und brummelte etwas vor sich hin. Als er sie erblickte, blinzelte er mit den Augen und lächelte sie fröhlich an.

„Er lebt!" rief die Frau. „Sieh nur, Mann, er ist richtig lebendig!"

Sie sprang auf, nahm Klötzchen in den Arm und reichte ihn ihrem Mann.

„Wir haben einen lebendigen Sohn!" freute sich der Mann.

Vor lauter Aufregung konnten sie lange nicht wieder einschlafen. Am Morgen erwachten sie spät, und ihr erster Blick galt Klötzchen. Doch der war weg.

Sie suchten alle Ecken und alle möglichen Verstecke im Haus ab, aber von dem Jungen fanden sie keine Spur.

Das heißt, nicht so ganz. Als der Mann nämlich vor die Tür trat, da sah er im Neuschnee die Abdrücke kleiner Kinderfüße, die in die Tundra hinausführten.

„Ich gehe ihm nach", erklärte der Mann. „Ich muß ihn finden."

‚Ein Glück, daß es in der Nacht geschneit hat', meinte er bei sich. Geduldig folgte er den winzigen Fußstapfen, bis er zu der Stelle kam, wo er das Bäumchen umgelegt hatte, aus dem er dann Klötzchen geschnitzt hatte. Der Baumstumpf stand noch da, und daneben lagen die Reste des Bäumchens herum. Hier hörte die Spur plötzlich auf. Vor ihm stieg der silberne Weg steil an, als führe er geradewegs in den Himmel und glitzerte und funkelte wie Schnee im Mondenschein. Weiter wagte sich der Mann nicht.

Er kehrte unverrichteterdinge nach Hause zurück.

Und Klötzchen?

Als er sich in der Nacht satt gegessen und dann wieder eingeschlafen war, da hatte er einen seltsamen Traum: Er sah vor sich einen Lichtstrahl, der ihn mit seinem Schein magisch anzog und lockte: „Komm mit mir! Komm mit mir!“

Da konnte Klötzchen nicht widerstehen. Er stand leise auf, steckte das Messer, mit dem der Vater ihn geschnitzt hatte, in den Gürtel und verließ das Haus, in dem die Liebe der Mutter ihm Leben eingehaucht hatte. Er schritt in die Tundra hinaus, immer dem Lichtstrahl nach, der ihn zum Stumpf des Bäumchens führte, dem er entstammte. Aber der Strahl führte ihn weiter, auf einen silbernen Weg, der plötzlich steil nach oben führte.

Der silberne Weg, das war die Milchstraße, die an dieser Stelle die Erde berührte. Bald hörte die Steigung auf, und Klötzchen befand sich auf einer weiten, weißen Ebene. Nach einiger Zeit kam er zu einem Tor mit einem Vorhang. Überall war reglose, tiefe Stille, nur der Vorhang bewegte sich, bauschte sich auf, als drücke von der anderen Seite eine unsichtbare Kraft dagegen.

Da zog der Junge sein Messer aus dem Gürtel und schlitzte den Vorhang auf. In dem Augenblick kam ein kalter Wind auf, der Ostwind, und mit ihm kamen die Rentiere.

Der Wind fauchte und heulte, und Klötzchen sagte zu ihm: „Nun halt mal die Luft an, Wind, du mußt nicht immerzu blasen. Setz dich hin und ruh dich aus.“

Der Junge ging weiter über die weiße Ebene, bis er wieder zu einem Tor mit einem Vorhang kam, der sich bauschte. Klötzchen wußte nun schon, daß sich dahinter ein Wind verbarg, aber welcher, das wußte er nicht. Also zerschlitzte er wieder den Vorhang mit seinem Messer. Und siehe da: Diesmal kam der Südostwind geflogen. Er peitschte die Sträucher, riß ihnen die Blätter ab und jagte die Rentiere vor sich her.

„Treib es nicht zu toll!“ schimpfte der Junge. „Nimm Vernunft an und hör auf!“

Nach einer Weile kam Klötzchen zum dritten Tor. Auch hier hing ein Vorhang, aber der bewegte sich längst nicht so wild. Und als der Junge ihn aufgeschlitzt hatte, da wehte ihm der warme Südwind entgegen. Er brachte warmen Regen mit, grünes Gras, Zweige und Knospen. Der Junge wollte ihn auffordern, recht lange zu blasen, weil sein Hauch wie ein Streicheln sei, aber ehe er noch ein Wort sagen konnte, da hatte sich der Wind schon wieder gelegt und rührte sich nicht mehr. Der Südwind hat nur kurzen Atem.

Klötzchen ging also weiter. Und wieder kam er zu einem Tor, dessen Vorhang sich wild bauschte. Er schnitt ihn auf, und im gleichen Augenblick kam der Westwind hereingestürmt mit Regen, Sturm und Gewitter.

„Du willst zwar Angst und Schrecken verbreiten, aber du bringst Nutzen", sagte der Junge zu ihm. „Blase ruhig weiter, soviel du nur willst."

Auch der Westwind hatte sich bald beruhigt, und der Junge eilte weiter.

Es dauerte nicht lange, da stand er wieder vor einem Tor. Der Vorhang, der es verschloß, bauschte sich stoßweise bis zum Platzen. Der Wind, der sich von der anderen Seite dagegenstemmte, mußte sehr stark sein.

Klötzchen stieß sein Messer in den Vorhang, und im gleichen Augenblick zerriß der Wind den Stoff von oben bis unten und stürzte mit solcher Wucht herein, daß es den Jungen umriß. Mit lautem Heulen jagte er Schneemassen und Eiskristalle vor sich her. Es war der Nordwestwind.

Vergeblich suchte Klötzchen ihn zu überschreien, vergeblich, ihn aufzuhalten. So sah er lieber zu, so schnell wie möglich aus seiner Reichweite zu kommen.

Nach einer Weile kam er zum sechsten Tor, dessen Vorhang schwer war und ganz von Reif bedeckt. Man fror schon, wenn man ihn nur ansah.

„Dahinter ist es bestimmt grimmig kalt", meinte der Junge, aber dann schlitzte er den Vorhang doch auf. Da schlug ihm ein so eisiger Atem entgegen, daß ihm die Tränen kamen und noch auf den Wangen zu Eistropfen gefroren. Klötzchen schlug schützend die Hände vors Gesicht, aber auch die erfroren fast.

„Halt ein, Wind, du vernichtest ja alles!" rief er. Aber was nutzte das schon? Der Nordwind blies und blies, und unter seinem eisigen Atem erfror alles auf der Erde und erstarrte.

Klötzchen rannte davon und bereute zutiefst, einen solch mörderischen Wind in die Welt gelassen zu haben. Aber was geschehen war, war geschehen, zurücknehmen konnte er es nicht mehr.

Über die weiße Ebene gelangte der Junge bis zum anderen Ende der Milchstraße, wo wieder ein silbriger Weg hinabführte auf die Erde. Er zögerte ein Weilchen und überlegte. Aber was sollte er hier, in dieser Einöde? Dort unten auf der Erde waren Menschen. Dort war auch der Mann, der ihn aus einem Stück Holz erschaffen, und die Frau, die ihm eine Seele eingehaucht hatten. Und beide warteten auf ihn.

So folgte er also dem silbernen Weg und stand bald wieder dort, wo die Tundra zum Meer abfällt. Von dort aus ging er dann nach Hause.

Aber während Klötzchen meinte, nur für einen Sprung auf der Milchstraße gewesen zu sein, waren auf der Erde viele Jahre verflossen. Der Mann und die Frau, deren Sohn er gewesen, waren längst gestorben. Dennoch blieb der Junge in dem Dorf und wurde Jäger.

Niemand aber erfuhr je, daß er es gewesen war, der die sechs Winde auf die Erde gelassen hatte.

BRUDER UND SCHWESTER

Es war einmal ein Jäger namens Nunik, ein Jäger, wie es nur selten einen gab. Sein Pfeil und seine Harpune verfehlten nie ihr Ziel. Und obwohl er längst nicht mehr zu den Jüngsten zählte, waren sein Auge scharf und seine Hand fest. Keiner weit und breit konnte es mit ihm aufnehmen, und alle achteten ihn, denn er war zudem klug und gerecht und stets hilfsbereit Schwächeren und weniger Erfolgreichen gegenüber.

Nunik hätte also allen Grund gehabt, zufrieden und glücklich zu sein, und doch war dem nicht so.

‚Was nützt mir all mein Jagdgeschick, wenn ich keinen Sohn habe, an den ich mein Wissen weitergeben könnte', klagte er.

Seine Frau grämte sich noch mehr. Wie sollte sie sich erfreuen an der bis zum Rand mit Fleisch und Fisch gefüllten Vorratskammer, wo sie doch nur zu zweit waren und ohnehin das meiste von dem, was der Mann heimbrachte, an weniger glückliche Jäger verteilten. Und da ihr Mann der beste Jäger weit und breit war, war es nicht gerade wenig, was sie abgaben, ohne daß die Vorratskammer je leer gewesen wäre, nicht einmal in Zeiten größter Not. Das alles hätte sie hergegeben für Kinderstimmen in ihrem Haus. Ach, um wie vieles froher wäre doch dann ihr Leben! Selbst für den Preis, daß sie von der Hand in den Mund leben müßten wie alle anderen, die doch viel glücklicher waren als sie und auch reicher, denn sie hatten das, wonach sich Nunik und seine Frau so sehr sehnten.

Einmal, als Nunik von der Jagd heimfuhr, tauchte plötzlich vor seinem Schlitten ein Fuchs auf. Der Jäger legte an und schoß, aber im gleichen Augenblick verwandelte sich der Fuchs in einen Vielfraß, der den Pfeil mit seiner Pfote auffing und zerbrach.

Die Hunde wichen ängstlich zurück und begannen zu winseln. Nunik langte blitzschnell nach einem zweiten Pfeil und schoß auch den ab. Aber mit dem gleichen Erfolg. Nur daß sich der Vielfraß diesmal in einen Bären verwandelte.

„Laß das sein, Mensch, ich bin nicht zu Scherzen aufgelegt", brummte der Bär mit menschlicher Stimme. „Ich kenne deinen Herzenswunsch und kann ihn dir auch erfüllen."

Der Jäger erschrak nun doch, denn er begriff, daß er einen jener mächtigen Geister vor sich hatte, die jede beliebige Gestalt annehmen können.

„Oder wünschst du dir keinen Sohn?"

„Und wie ich mir einen wünsche!"

„Nun gut, ein Wunsch gegen den anderen", sagte der Bär. „Du sollst nicht nur einen Sohn haben, sondern auch eine Tochter ... wenn du mir dafür auch einen Gefallen tust."

„Und was verlangst du von mir?" fragte der Jäger.

„Nichts besonderes, nur eine kleine Gefälligkeit. Auf jeden Fall weniger, als du selbst dabei gewinnst. Und das nicht einmal sofort, erst später, wenn die Zeit reif ist."

Der Jäger zögerte. Er hätte gern gewußt, was der Bär im Sinn hatte.

„Überlege nicht lange, Mann", brummte der, als könne er Gedanken lesen. „Ich bin nicht gewohnt, jemandem meine Gunst zweimal anzutragen."

„Also gut, ich bin einverstanden", erklärte Nunik, bei dem die Sehnsucht nach Kindern stärker war als seine Vorsicht. Auch dachte er, wenn er Kinder haben würde, könne er gewiß leichten Herzens dem Bären jeglichen Wunsch erfüllen.

Im gleichen Augenblick war der Bär verschwunden, die Hunde bellten froh und rannten mit dem Schlitten nach Hause.

Als die Frau hörte, daß Nunik heimkehrte, lief sie ihm entgegen.

„Komm schnell herein", empfing sie ihn strahlend. „Wir haben Zwillinge, einen Jungen und ein Mädchen! Sieh nur, wie hübsch sie sind!"

Nunik war überglücklich und dachte voll Dankbarkeit an den mächtigen Geist, der ihnen geholfen hatte.

Den Jungen nannten die Eltern Okpaj, und das Mädchen erhielt den Namen Pamut. Beide waren gesunde und aufgeweckte Kinder und wuchsen zur Freude und Zufriedenheit ihrer Eltern heran.

Die Zeit verging, und Nunik beobachtete voll Vaterstolz, daß sein Sohn von ihm alle die Eigenschaften geerbt hatte, die den guten Jäger ausmachen, und ihn selbst eines Tages gewiß noch übertreffen würde. Auch an der Tochter Pamut hatte er seine Freude, sie war fleißig und gelehrig und entwickelte sich zu einer lieblichen Jungfrau.

Einmal, als Vater und Sohn von der Jagd heimziehen wollten, lief ihnen, wie einst Nunik, ein Fuchs über den Weg. Beide schossen, aber im gleichen Augenblick verwandelte sich der Fuchs in einen Vielfraß, fing mit seinen Pfoten die beiden Pfeile auf und zerbrach sie.

Okpaj wollte wieder anlegen, aber der Vater hielt ihn zurück. Er dachte an die erste Begegnung vor vielen Jahren und wußte, wen sie da vor sich hatten.

„Erinnerst du dich, Nunik?“ fragte der Vielfraß mit menschlicher Stimme. „Nun ist die Reihe an dir, mir meinen Wunsch zu erfüllen.“

„Wie sollte ich mich nicht erinnern?“ erwiderte der Jäger, obwohl er sein einstiges Versprechen längst vergessen hatte. „Was verlangst du von mir?“

„Nicht viel, nur eine kleine Gefälligkeit, wie ausgemacht.“

„Und was ist das?“

„Du sollst mir deine Tochter zur Frau geben.“

„Was?“ rief Nunik entsetzt. Wenn er sich seine liebliche Pamut neben dem häßlichen Vielfraß vorstellte, brach ihm fast das Herz. „Das nennst du eine kleine Gefälligkeit?“

„Habe ich dir etwa nicht zwei Kinder geschenkt? Einen Sohn und eine Tochter? Und ich will nur die Tochter. Ich will sie zur Frau nehmen — das solltest du dir als Ehre anrechnen!“

Okpaj, der sich auf das alles keinen Reim machen konnte, weil der Vater ja nie etwas von der Geschichte erzählt hatte, zückte plötzlich sein Messer und wollte auf den Vielfraß losgehen.

Der Vater wollte ihn zurückhalten, aber der Jüngling riß sich los und griff das Tier an. Das blieb ganz ruhig stehen und hielt auch dann noch still, als er zum tödlichen Stich ausholte — das Messer rutschte an dem Fell ab wie an einem vereisten Stein.

„Ich halte dir zugute, daß du noch jung und dumm bist", sagte der Vielfraß, „deshalb will ich dich für diesmal nicht bestrafen."

„Strafe mich ruhig oder töte mich, wenn du willst, nur laß meine Schwester zufrieden", bat Okpaj, der seine Schwester über alles liebte.

„Verlange von mir, was immer du willst, verlange mein Leben — auch das will ich gern für meine Kinder opfern —, nur verschone Pamut", bat der alte Jäger.

„Genug!" fuhr der Vielfraß ihn zornig an. „Ich habe mein Versprechen gehalten, nun stehe auch du zu deinem Wort! Ich erwarte dich morgen mittag mit deiner Tochter am Schwarzen Felsen. Und merke dir: Wenn du nicht kommst, verlierst du beide Kinder!"

Nach diesen Worten verwandelte sich der Vielfraß in eine Schnee-Eule, die ein paarmal über ihren Köpfen kreiste und dann in der Ferne verschwand.

Traurig kehrten die beiden nach Hause zurück.

„Wie sagen wir es nur der Mutter?" überlegte Nunik bekümmert.

„Und wie sagen wir es der Schwester?" sorgte sich Okpaj.

„Weiß du, mein Sohn, am besten sagen wir ihnen gar nichts", schlug schließlich der Vater vor. „Morgen früh tun wir, als wollten wir ins Weidenholz, und nehmen Pamut mit und kommen ohne sie nach Hause."

Weiter verloren sie kein Wort mehr darüber.

Am nächsten Morgen machten sich alle drei auf den Weg. Während Vater und Sohn schweigsam ausschritten, sang Pamut fröhlich vor sich hin. Als sie zum Fluß kamen, wo die Weiden standen, wollte sich das Mädchen sogleich ans Werk machen, aber der Vater sagte: „Nein, Pamut, wir gehen noch bis zum Schwarzen Felsen, dort wachsen viel bessere Weiden."

Sie gingen also weiter, bis sie gegen Mittag am Ziel waren. Aus der Uferböschung ragte dort einsam ein schwarzer Felsen empor. Und auf dem Felsen saß ein riesiger Adler.

„Sieh nur, Bruder, ein Adler!" rief Pamut. „Schieß ihn ab!"

Okpaj holte einen Pfeil aus seinem Köcher, aber der Vater sagte: „Schieß nicht, mein Sohn!"

„Warum soll er denn nicht schießen?" fragte Pamut verwundert.

„Weil ich dein Mann bin!" krächzte der Adler, flog herab, packte das Mädchen mit seinen Krallen und verschwand mit ihm in dem Schwarzen Felsen, der sich vor ihm auftat und hinter ihm wieder schloß.

Mit Pamut war aus Nuniks Haus aller Frohsinn gewichen. Keiner sprach von dem, was geschehen war, aber alle dachten ständig an die arme Pamut, alle vermißten sie. Am meisten Okpaj, der sich nicht damit abfinden konnte, seine Schwester nie wiederzusehen. Auf Schritt und Tritt überlegte er, wie er sie befreien könnte. Er hätte sich gern mit jemand beraten, aber er wußte nicht, mit wem, denn Vater und Mutter wollte er nicht fragen, um sie nicht unnötig zu ängstigen. Bis ihm eines Tages ein alter, weiser Schamane einfiel, der sich auf allerlei Zauber verstand. Wenn er Krankheiten heilen, böse Geister austreiben und gute anrufen konnte, vielleicht wußte er dann auch, wie der mächtige Geist, der Pamut geholt hatte, zu besiegen war.

Der alte Schamane hörte Okpaj mit steinerner Miene an. Lange schwieg er und strich sich mit der knöchernen Hand über das faltige Gesicht. Dann nahm er aus einem Säckchen einige Kräuter, stopfte sie in seine Pfeife, zündete sie an, tat ein paar Züge und starrte gebannt in die weißen Ringe, die er ausblies.

„Mein lieber Sohn“, sprach er dann, „du hast es mit einem sehr mächtigen Geist zu tun, ich glaube, mit einem der mächtigsten überhaupt. Ihn zu besiegen, das steht kaum in menschlicher Macht.“

„Wenn du *kaum* sagst, so heißt das, daß es doch nicht unmöglich ist“, wandte Okpaj ein.

Der Schamane zog wieder an seiner Pfeife und starrte in die aufsteigenden Rauchringe. Dann nickte er mit dem Kopf.

„Ja, du hast recht, unmöglich ist es nicht, aber nur die allerwenigsten könnten es fertigbringen.“

„Mir muß es gelingen!“ rief der Jüngling.

Der alte Schamane lächelte verhalten.

„Nicht so hurtig, erst hör mir gut zu. Dieser mächtige Geist ist am ganzen Körper unverletzbar — bis auf das linke Auge. Du müßtest so meisterhaft schießen können, daß du dreimal hintereinander sein linkes Auge triffst. Dann verliert er seine Macht und muß deine Schwester Pamut herausgeben.“

„Ich danke dir, weiser Schamane. Ich werde alles daransetzen, Pamut zu befreien.“

Der Alte hob warnend den Zeigefinger.

„Sei vorsichtig, mein Junge, übereile nichts. Es gibt für dich nur eins — dreimal treffen. Wenn du auch nur ein einziges Mal danebentriffst, reißt der mächtige Geist dich in Stücke!“

Okpaj bedankte sich bei dem Schamanen und ging nach Hause. Er wußte, daß er ein guter Schütze war, ein besserer als viele berühmte Jäger. Aber zu solcher Meisterschaft, wie es der Kampf mit dem Geist verlangte, reichte es noch lange nicht. Und so begann er ausdauernd und unermüdlich zu üben. Pfeil und Bogen begleiteten ihn auf all seinen Wegen.

In jenem Jahr hatten sich die Wühlmäuse, die Lemminge, unwahrscheinlich vermehrt, und so hatte Okpaj ausreichend lebendige Ziele, an denen er seine Treffsicherheit ausprobieren konnte. Aber er war immer erst dann mit sich zufrieden, wenn er so ein Tier ins linke Auge getroffen hatte.

Dem Vater war die Jagdbesessenheit des Sohnes nicht entgangen, und er war stolz darauf, daß Okpaj eine so sichere Hand hatte.

„Ich sehe, daß du ein noch besserer Jäger werden willst, als ich es bin", lobte er.

„Ja Vater, ich will ein Jäger werden, der sein Ziel nie verfehlt", versicherte der Jüngling, verriet aber mit keinem Wort, warum. Mit Recht befürchtete er, die Eltern würden ihn aus Angst, auch ihn noch zu verlieren, an seinem Vorhaben hindern.

Die Zeit vergeht nicht nur, sie heilt auch Wunden. Und so heilte sie auch die Wunde, die der Verlust der geliebten Pamut ins Herz Nuniks und seiner Frau gerissen hatte. Nur Okpaj vergaß nicht. Er übte fleißig weiter und bereitete sich auf den Tag vor, da er den mächtigen Geist herausfordern wollte.

Und der Tag kam. Okpaj fühlte, daß nun die Zeit gekommen sei. Besser würde er nicht mehr schießen lernen, mochte er noch soviel üben.

Heimlich verließ er das Dorf und ging stromaufwärts. Als er zum Schwarzen Felsen kam, spannte er den Bogen und rief laut: „Mächtiger Geist, ich will meine Schwester Pamut holen!"

Der Felsen ging krachend auseinander, und heraus trat der Vielfraß.

„Du hast also noch immer nicht Vernunft angenommen!" schrie er und stürzte auf den Jüngling los.

Okpaj hob den Bogen, der Pfeil schwirrte durch die Luft, und der Vielfraß brüllte laut auf. Mit dem Pfeil im linken Auge verschwand er in dem Felsen, der sich sogleich hinter ihm schloß.

„Mächtiger Geist, ich will meine Schwester wiederhaben!" rief der Jüngling erneut.

Abermals trat der Fels mit lautem Getöse auseinander, und heraus kam ein großer Bär.

Okpaj schoß blitzschnell seinen Pfeil ab, und der Bär bäumte sich brüllend auf — in seinem linken Auge steckte der Pfeil. Er drehte sich um und verschwand in dem Felsen, der sich wieder hinter ihm schloß.

Auch diesmal hatte Okpaj sein Ziel genau getroffen, so wie es ihm der alte Schamane geraten hatte.

„Mächtiger Geist!“ rief er zum dritten Mal. „Gib meine Schwester Pamut heraus!“

Ein drittes Mal tat sich der Felsen krachend auf, und heraus flog ein Adler. Im gleichen Augenblick schoß der Jüngling, und sein Pfeil traf den Raubvogel genau ins linke Auge.

Der Adler stieß einen durchdringenden Schrei aus, aber er flog nicht wieder in den Felsen zurück, sondern kreiste ein paarmal über Okpajs Kopf, um dann höher und höher zu steigen und in den Wolken zu verschwinden.

Der Felsen blieb offen.

‚Dreimal habe ich getroffen, wie es mir der alte Schamane, der weise Angakok, geraten hat, und damit habe ich die Macht des bösen Geistes gebrochen!‘ sagte sich Okpaj und trat furchtlos in den Felsen. Er kam in einen langen Gang, der sich ständig verbreiterte und schließlich in einer Höhle mündete, die mit herrlichen, kostbaren Fellen und Pelzen ausgelegt war. Und mitten in der Höhle saß eine junge Frau und nähte. Sie hörte Schritte und sah auf.

„Bist du schon zurück, mein Herr?“

Als sie aber statt des Geistes den Jüngling erblickte, da wollte sie ihren Augen nicht trauen.

Auch Okpaj war einen kurzen Augenblick vor Rührung keines Wortes mächtig. Dann aber rief er: „Pamut, meine liebe Schwester!“

„Okpaj!“ Das Mädchen warf sich ihm in die Arme.

Gleich darauf aber besann sich Pamut und flüsterte besorgt: „Schnell, Bruder, du mußt dich verstecken, sonst reißt dich der böse Geist in Stücke!“

„Keine Angst, Schwester, ich habe seine Macht gebrochen. Du kannst unbesorgt mit mir kommen. Du bist frei.“

Okpaj nahm Pamut an der Hand und führte sie aus der Höhle hinaus. Niemand vertrat ihnen den Weg, niemand hinderte sie am Weggehen. Sie traten ans Tageslicht, und der Schwarze Felsen blieb hinter ihnen offen. Er schloß sich seit jener Zeit nie mehr. Die Höhle in seinem Inneren dient seitdem den Jägern als Unterschlupf, wenn sie von einem Unwetter überrascht werden.

Und Pamut?

Sie kehrte mit ihrem Bruder zu den glücklichen Eltern zurück, bei denen sie lebte, bis sie einen jungen Jäger heiratete.

Nunik war stolz auf seinen Sohn, der ihn in der Jagdkunst noch übertroffen hatte und dem, so weit der ewige Schnee reichte, kein Schütze gewachsen war. Am Anfang erschrak er noch manchmal, wenn seinem Gespann ein Fuchs über den Weg lief, und er mußte dann jedesmal daran denken, wie der böse Geist seinen Lohn dafür verlangte, daß er ihm zwei Kinder geschenkt hatte.

Auf jeden Fall, so sagte sich Nunik, war es nicht recht, wenn jemand dafür, daß er etwas schenkt, eine, und sei es viel geringere Gegenleistung verlangt.

So kann nur ein böser Geist handeln, so wie der, dessen grausame Macht die drei Pfeile des tapferen Sohnes Okpaj für immer brachen.

DER FAULPELZ UND DER ADLER

Es war ein reiches, ein gutes Jahr.

Die Rentiere zogen in großen Herden durchs Land, und die Männer brachten stets reiche Beute von der Jagd nach Hause. Die Frauen hatten alle Hände voll zu tun: Sie zogen die Felle ab, gerbten sie, nähten Kleidungsstükke daraus und lagerten das Fleisch für den Winter ein. Aus allen Häusern strömte der Duft von Fett, und satte Kinder liefen jubelnd den Vätern und älteren Brüdern entgegen, wenn die schwer beladen von der Jagd heimkehrten.

Nur eine einzige Feuerstelle blieb kalt und der Kessel darüber leer. Während alles ringsum schwelgte, litten die Frau und der Sohn des Jägers Ujuk Hunger.

„Lauf hinaus, der Vater kommt", sagte die Mutter zu dem kleinen Onik, als aus der Ferne der Lärm der heimkehrenden Jäger und das Geschrei der Kinder zu hören waren. „Sicher hat er heute Glück gehabt."

Der kleine Onik lief hoffnungsvoll dem Vater entgegen, aber der stieß ihn mit Zorn im Herzen und Flüchen auf den Lippen von sich. „Scher dich zu deiner ungeratenen Mutter! Seit der Zeit, da ich sie zum Weib genommen, haben mich die guten Geister verlassen."

Zu Hause ließ sich Ujuk auf sein Fellager fallen und befahl: „Frau, gib mir was zu essen!"

Sie schaute verängstigt auf. „Was soll ich dir denn geben, wo du doch nichts mitgebracht hast?"

„Woher du was nimmst, ist mir egal. Ich habe Hunger wie ein Wolf!"

„Wenn ich etwas hätte, würde ich es Onik geben, der hat schon zwei Tage nichts mehr zu essen gehabt. Kein Stückchen Fleisch haben wir im Haus, kein Fett und nicht einmal einen Löffel Öl. Den ganzen Tag warten wir, daß du endlich etwas erlegst, und bitten die guten Geister, dir beizustehen."

„Du brauchst sie nicht zu bitten!“ fuhr der Mann sie an. „Wie oft habe ich schon gesagt, daß sie mir ausweichen, seit ich dich in mein Haus geholt habe. Ich hätte dich schon längst davonjagen sollen. Und das mach ich auch noch, mit meiner Geduld ist es vorbei!“

Der kleine Onik preßte sich an die Mutter und begann zu weinen.

„Und dich jage ich auch davon, wenn du nicht aufhörst zu weinen!“ schrie Ujuk den Sohn an, drehte sich auf die Seite und schlief ein.

Onik flüsterte der Mutter zu: „Mutter, laß uns weggehen von hier!“

Die Mutter streichelte sein Haar. Ja, vielleicht war es wirklich das beste, mit dem Sohn zu fliehen. Hier harrte ihrer nichts Gutes. Sie waren Ujuk nur zur Last. Er redete sich zwar auf die Mißgunst der Geister heraus, aber in Wirklichkeit sah alles ganz anders aus. Ujuk war einfach ein Faulpelz. Er war zu faul, die Pfeile zu spitzen, Bogen und Speer in Ordnung zu halten, Fallen zu stellen. Ein Faulpelz und Nichtsnutz war er, der noch dazu seinen Zorn an Frau und Kind ausließ.

Die Frau entschied sich. Während der Mann schlief, packte sie den Jungen in Felle und verließ das Haus. Sie ging, ohne auf den Weg zu achten, wußte nicht, wohin, aber sie dachte auch gar nicht darüber nach, denn sie war überzeugt, daß sie es nirgends schlechter haben könne als bei Ujuk. Im schlimmsten Fall würden sie verhungern, aber auch davor fürchtete sie sich nicht, denn zu Hause drohte ihnen ja auch nichts anderes. Das wenige, was Ujuk hin und wieder heimbrachte, aß er sowieso allein auf, und für sie und Onik blieb höchstens ein abgenagter Knochen übrig, wenn die Hunde ihnen nicht zuvorkamen.

Als Ujuk erwachte und sah, daß Frau und Sohn verschwunden waren, wurde er schrecklich wütend. Mit welchem Recht hatte sie ihn verlassen! Wer hatte ihr erlaubt, den Jungen mitzunehmen! Er spannte die Hunde vor den Schlitten und jagte den beiden nach. Die Hunde hatten bald die Spur aufgenommen.

Inzwischen hatte die Frau mit dem Kind die Tundra erreicht. Sie wollte ein wenig verschnaufen, als sie die Hunde bellen hörte und das Gespann heranjagen sah. Sie erschrak, denn sie wußte, daß sie von Ujuk nichts Gutes zu erwarten hatte.

„Gute Geister, helft!“ rief sie in ihrer Not.

In dem Augenblick kam ein Wirbelwind mit Schnee, und die Frau fühlte sich in die Höhe gehoben. Als sie wieder zur Besinnung kam, saß sie mit

Onik auf einer hohen Fichte. Sie schaute hinunter. An der Stelle, wo sie eben noch gestanden hatte, war eine runde Eisfläche, so glatt und blank, daß sich ihr Gesicht und das des Sohnes darin spiegelten.

Das Hundegespann kam bis zu dem funkelnden Eis, und Ujuk sah darin ebenfalls seine geflohene Frau und sein Söhnchen.

„Hier seid ihr also! Weit seid ihr nicht entkommen!" schrie er und stürzte wie von Sinnen auf das Spiegelbild los. Dabei stieß er so hart mit dem Kopf auf das Eis, daß er auf der Stelle tot war.

Auf die Fichte ließ sich eine große, dunkle Wolke herab. Aber es war gar keine Wolke, sondern ein riesiger Adler. Der hob Frau und Kind auf und flog mit ihnen davon in die Klippen am Meer. Dort brachte er sie in eine Höhle, in der es warm war, und verwandelte sich in einen jungen Mann.

„Du sollst meine Frau sein und du mein Sohn", sprach er zu den beiden.

Und dann lebten sie alle drei glücklich zusammen und brauchten nie mehr Hunger leiden.

DAS SCHÖNE MÄDCHEN UND DER SCHAMANENSOHN

Es waren einmal ein Mann und eine Frau, und die hatten eine Tochter. Das Mädchen war über alle Maßen schön und anmutig, und als es herangewachsen war, da stellten sich viele junge Männer ein und hielten um ihre Hand an. Aber die Mutter hatte sich in den Kopf gesetzt, daß ihre Tochter den allerhübschesten und allerreichsten Bräutigam bekommen müsse.

„Na, laß dich erst mal anschauen!“ empfing sie jeden Freier, hieß ihn sich langsam im Kreise drehen und betrachtete ihn von allen Seiten. Und was sie erst alles wissen wollte! Wieviel Pelze er habe, wieviel Felle und Leder, wie groß sein Hundegespann sei und ob er sonst noch irgendwelchen Besitz aufzuweisen habe. Der eine war ihr nicht groß und der andere nicht kräftig genug, der eine war zu dünn und der andere wieder zu dick, und wenn ansonsten alles stimmte, so fehlte es wieder an Hab und Gut. Keiner war ihr recht!

Die Tochter grämte sich, so mancher Bursche hätte ihr schon gefallen, aber was half's, wer der Mutter nicht gefiel, der kam nicht in Frage. So mußten sie alle wieder abziehen.

Kein Wunder also, daß sich mit der Zeit immer seltener ein Bewerber einstellte und das Mädchen schon ernsthaft befürchtete, überhaupt keinen Mann zu bekommen.

Bis eines Tages ein junger Mann erschien, schön wie ein Sonnentag.

Nachdem ihn die Mutter von allen Seiten betrachtet und keinen Fehl und Tadel an ihm gefunden hatte, fragte sie ihn: „Wie steht es um deinen Besitz?“

„Mein Reichtum, das sind ein klarer Kopf und gesunde Arme“, antwortete der Jüngling.

„Das ist wenig“, versetzte die Mutter. „In dem Fall schlag dir meine Tochter aus dem Kopf und suche anderswo dein Glück!“

Das Mädchen, das den Jüngling auf den ersten Blick in ihr Herz geschlossen hatte, bat die Mutter, ihn doch nicht wegzuschicken. Auch der Vater redete der Frau zu, doch endlich Vernunft anzunehmen, aber sie blieb hart.

„Einem solchen Habenichts gebe ich meine Tochter nie und nimmer!“ schrie sie und jagte den jungen Mann davon.

Der Fremde sagte kein Wort, warf der Frau nur einen zornigen Blick zu, machte kehrt und ging.

Der Frau war unter dem Blick ganz unheimlich geworden.

‚Der hat ja Augen wie ein böser Wolf‘, dachte sie. ‚Gut, daß ich ihm nicht meine Tochter gegeben habe.‘

Der junge Mann war nicht irgendwer. Er war der Sohn eines mächtigen Schamanen und hatte sich vorgenommen, das hübsche Mädchen zu heiraten, koste es was es wolle. Die Frau aber wollte er bestrafen.

In der Nacht kam er wieder und entführte das Mädchen mit Hilfe guter Geister in einen Iglu, den er in der Nähe errichtet hatte.

Als die Mutter am Morgen erwachte und das Lager der Tochter leer fand, lief sie mit lautem Geschrei hinaus.

„Wo ist meine Tochter?“ jammerte sie. „Wo ist meine Tochter?“

„Deine Tochter ist meine Frau“, antwortete es da ganz aus der Nähe.

Die Mutter ging der Stimme nach bis zu dem Iglu, der gestern noch nicht dagewesen war. Als sie hineingehen wollte, verstellte ihr plötzlich ein Vielfraß mit riesigen feurigen Augen den Weg.

Die Frau erschrak derart, daß sie auf der Stelle tot umfiel.

Der Schamanensohn, der die Gestalt des wilden Tieres angenommen hatte, lebte dann lange Jahre mit dem schönen Mädchen zusammen.Sie hatten viele Kinder, und wenn die Mutter nicht so habgierig gewesen wäre, so hätte auch sie an diesem Glück teilhaben können.

DER ZAUBERHUT

Ein Jäger namens Kejan fand eines Tages in einer seiner Fallen einen wunderschönen Silberfuchs, der mit seinen Hinterläufen gefangen war. Er wollte ihn töten, aber da bat der Fuchs mit menschlicher Stimme:

„Laß mich leben, Jäger, es soll dein Schaden nicht sein. Ich werde dich reich belohnen."

Als sich der Jäger von seiner Überraschung erholt hatte, meinte er:

„Womit könntest du mich schon belohnen, Fuchs? Den größten Lohn bekomme ich für dein silbernes Fell."

„Da irrst du dich aber", erwiderte der Fuchs. „Mein Fell bringt dir lange nicht soviel Nutzen wie dieser hölzerne Hut hier."

Er fuhr sich mit der Pfote über die Brust und hielt dem Mann einen kleinen, spitzen hölzernen Hut hin.

„Er gehört dir, wenn du mir das Leben schenkst."

‚Was soll ich damit?' dachte der Jäger. ‚Wenn es wenigstens ein richtiger Hut wäre und nicht so ein kleines Hütchen.' Aber zugleich überlegte er sich, daß ein Fuchs, der sprechen konnte, sicher kein gewöhnlicher Fuchs war.

‚Ach was, auf ein Fell mehr oder weniger kommt es wirklich nicht an', sagte er sich schließlich, bückte sich und befreite den Fuchs vorsichtig aus dem Eisen.

„Du wirst es nicht bereuen", sprach der Fuchs und reichte ihm den Hut. „Wenn du ihn aufhast, kann dir nie etwas zustoßen."

‚Er ist ja so klein, daß ich ihn gar nicht aufsetzen kann', wollte der Jäger erwidern, aber dann versuchte er es erst einmal, und siehe da, der Hut nahm genau die richtige Größe an und paßte wie angegossen. Und als er ihn abnahm, wurde er wieder so klein wie zuvor.

„Sieh einer an", murmelte Kejan überrascht. „Es scheint tatsächlich ein

Zauberhut zu sein!“ Er wollte sich bei dem Fuchs bedanken, aber der war inzwischen spurlos verschwunden.

So machte er sich denn ohne Fell auf den Heimweg. Plötzlich wurde er von einem Schneesturm überrascht. Er konnte keinen Schritt weit sehen. Ein rasender Wind drückte ihn zu Boden, um ihn gleich darauf wieder hochzureißen, kurz, er trieb ihn vor sich her wie einen Schneeball. Der Jäger hatte bald die Orientierung verloren und bekam Angst, er würde nie mehr nach Hause finden und in den Schneemassen umkommen.

Da fiel ihm der Hut ein, den ihm der Fuchs geschenkt hatte. Er zog ihn hervor und setzte ihn auf, vorsorglich darauf bedacht, daß der Sturm ihn nicht wegriß, und siehe! der Hut bedeckte ihm nicht nur den Kopf, sondern wuchs derart, daß sich Kejan ganz darunter verstecken konnte. In dem Hut war es warm und trocken wie in einem Iglu, so warm und gemütlich, daß der Jäger auf der Stelle einschlief. Als er erwachte und die Hutkrempe ein wenig anhob, da sah er, daß der Sturm sich inzwischen gelegt hatte und die Sonne wieder schien. Der Fuchs hatte nicht übertrieben: Der Hut schützte ihn wirklich vor jeglicher Gefahr.

Seit der Zeit trug Kejan das Geschenk des Fuchses ständig bei sich. Einmal begab er sich mit seinem Bruder auf Robbenjagd. Das Jagdglück war ihnen hold, und sie erlegten einige besonders schöne Robben. Inzwischen aber war es spät geworden und höchste Zeit zurückzukehren, denn der Nordwind trieb immer mehr Schneemassen heran und es drohte Gefahr, daß diese ihnen den Rückweg versperren könnten. Dem Bruder, der weniger gefangen hatte und dessen Boot deshalb leichter und schneller war, gelang es, rechtzeitig hindurchzukommen und das Ufer zu erreichen, während Kejan mit seiner größeren Last viel langsamer vorankam und sich plötzlich vom Treibeis überholt sah.

Der Bruder am Ufer verlor den Kopf und rannte verzweifelt hin und her, weil er nicht wußte, wie er Kejan helfen sollte.

„Wirf mir den Riemen zu!“ schrie Kejan.

„Was für einen Riemen?“ antwortete der Bruder ratlos, aber dann fiel ihm ein, worum es ging, und er rannte zu seinem Kajak. Er zog zwei Riemenknäuel heraus, wie sie jeder Jäger bei sich führt, um daran die erlegten Robben ins Schlepptau zu nehmen. Er wollte die beiden Enden fest zusammenknüpfen, aber vor Kälte und Aufregung zitterten ihm die Hände derart, daß er keinen richtigen Knoten zustandebringen konnte. Schließlich aber gelang

es doch. Mit der linken Hand hielt er das eine Knäuel fest, und mit der rechten warf er das andere dem Bruder zu. Das Riemenende klatschte auf das Wasser, und Kejan fischte es heraus und band es sich um den Arm.

„Zieh!“ rief er.

Der Bruder zog, was er nur konnte, und Kejans Boot näherte sich langsam dem Ufer. Indem aber verfing sich der Riemen an einer großen Eisscholle und rutschte darunter, und da der Bruder eifrig vom Ufer her weiterzog, fuhr auch das Kajak unter die Scholle.

‚Wenn es mir nicht gelingt, ihn schnell wieder hervorzuziehen, ertrinkt Kejan‘, erschrak der Bruder.

Und er zog und zog, daß ihm der Schweiß übers Gesicht rann — doch alle Anstrengung blieb vergebens. Da ließ er das Seil kurz locker und zog es mit einem Ruck wieder an, um festzustellen, ob der Bruder nicht schon ertrunken war. Ein gleicher Ruck vom anderen Ende war die Antwort. Kejan lebte also noch. Wieder zog er aus Leibeskräften. Eine ganze Weile verging, und der Kajak steckte immer noch unter dem Eis. Aber die regelmäßigen Rucke spornten ihn immer von neuem an. So unglaublich es auch war, Kejan mußte immer noch am Leben sein. Der Bruder machte weiter, bis es ihm schließlich doch gelang, das Boot unter dem Eis hervor wieder aufs Wasser zu ziehen.

Und was er da sah, verschlug ihm die Sprache. Kejan saß gesund und munter in seinem Kajak und rief ihm zu: „Zieh, Bruder, zieh, ich bin schon ganz durchgefroren!“

Was soll ich euch sagen? Kejan war nur dank des hölzernen Hütchens nicht ertrunken. Als er die tödliche Gefahr spürte, hatte er ihn schnell aufgesetzt, und der Hut war derart gewachsen, daß ausreichend Luft darunter war und Kejan die ganze Zeit, die er unter dem Eis war, atmen konnte.

Beide Brüder dachten voll Dankbarkeit an den Fuchs, der Kejan so reich belohnt hatte.

VON DER BÖSEN ALTEN UND IHREM ENKEL

Der kleine Itak hatte schon früh seine Eltern verloren, so früh, daß er sich gar nicht an sie erinnern konnte, und so lebte er bei seiner Großmutter, die ihn, wer weiß warum, nicht ausstehen konnte. Nichts konnte er ihr recht machen, ständig hatte sie etwas auszusetzen, mäkelte nur an ihm herum. Itak wußte, daß die Großmutter ihn nicht mochte, und um so mehr strengte er sich an, ihr keinen Ärger zu machen. Ihr Dorf lag in einer kahlen Ebene in der Nähe des Meeres. Weit und breit war kein Wald, nur am nahen Fluß wuchsen hier und da ein paar Weiden. Itak schleppte Tag für Tag Weidengerten herbei, damit sie Feuerholz hatten, und bemühte sich wirklich nach Kräften. Aber viel Kraft hatte er vorläufig noch nicht, er war ja wirklich noch ein kleiner Junge. Und da er noch zu schwach war, Speer oder Harpune zu werfen oder den Bogen zu spannen, war natürlich gar nicht daran zu denken, daß er auf die Jagd gehen konnte, um selbst für ihren Unterhalt zu sorgen. Und das grämte ihn am meisten.

Eine Eskimofamilie mit einem schlechten Jäger hat oft Not zu leiden, um so schlimmer aber, wenn sie gar keinen Jäger hat — dort ist dann nämlich der Hunger täglich zu Gast. Und so war es bei Itak und seiner Großmutter. Wenn die Jäger im Dorf mit reicher Beute heimkehrten, da gaben sie ihnen wohl ein Stück Fleisch ab, aber wenn sie wenig heimbrachten, da hatten die beiden das Nachsehen. Itak hatte manchmal so schrecklichen Hunger, daß er weinen mußte.

„Nimm statt zu weinen lieber Pfeil und Bogen in die Hand!“ schimpfte die Alte und jagte den Jungen hinaus. Während andere Kinder spielten, streifte er ziellos durchs Dorf und nagte die Knochen ab, die selbst die Hunde nicht mehr der Beachtung wert hielten.

Einmal fiel ihm ein, sein Glück am Fluß zu suchen. Er machte sich eine Angel und ging zum Wasser. Und es biß auch wirklich etwas an — allerdings ein so großer Fisch, daß Itak ihn trotz aller Anstrengung nicht herausziehen konnte und schließlich selbst ins Wasser fiel. Um ein Haar wäre der Kleine ertrunken.

Naß bis auf die Haut kehrte er heim. Doch statt seinen guten Willen anzuerkennen, schimpfte die Großmutter ihn einen Taugenichts und Nimmersatt, den der Kalopalink holen möchte.

Der Kalopalink, das ist ein seltsames Wesen, das im Nordmeer lebt, ein Zwischending zwischen Mann und Fisch. Er ist viel größer als ein Mensch, nur daß er statt der Arme und Beine flossenartige Gebilde hat. Meistens hält er sich im Meer auf, kommt aber hin und wieder auch an Land. Er hat Riesenkräfte, und wehe, wenn ihn jemand erzürnt! Den zieht er dann mitsamt seinem Kajak in die Tiefe oder packt ihn und schleudert ihn weit ins Meer hinaus. Kurz und gut, mit dem Kalopalink legt man sich lieber nicht an. Kluge Jäger sehen deshalb zu, im Guten mit ihm auszukommen. Und wenn sie ihn schon treffen, bieten sie ihm ein Stück Fleisch oder Fisch an und können dann gewiß sein, daß er sie in Ruhe läßt. Ja, wenn er gutgelaunt ist, treibt er ihnen sogar reichen Fang ins Netz.

Auch der kleine Itak hatte schon oft von dem Kalopalink gehört, und so war es kein Wunder, daß er vor Angst schlotterte. Er kroch unter seine Dekken und schluchzte leise vor sich hin.

„Du willst also noch immer keine Ruhe geben?“ keifte die Alte und rief laut: „Kalopalink, Kalopalink, hol diesen Bengel, damit ich endlich meine Ruhe habe!“

Kaum hatte sie das gesagt, da erhob sich draußen ein Getöse, wie wenn ein Sturm heranbraust, schwere Schritte dröhnten heran, und im nächsten Augenblick stand ein Riesenkerl da mit breiten Fangarmen, starken, flossenähnlichen Beinen und einem fischglatten Leib. Wortlos beugte er sich über das Lager, hob Itak heraus und schritt mit ihm davon zum Meer. Dort hob er ihn mit einer Hand in die Höhe und schwamm mit ihm zu einer Insel, wo er seine Höhle hatte. Vor der stellte er den Jungen auf die Beine und schob ihn hinein.

Itak konnte nicht einmal mehr weinen, er kauerte sich nur schreckensbleich hin und wartete darauf, daß der Kalopalink ihn umbringen würde — oder was immer er mit ihm vorhatte.

Der Kalopalink ging in eine Ecke, wo von der Decke getrocknete Fische hingen, hielt einen davon Itak hin und gab ihm mit Gesten zu verstehen, daß er essen solle.

Der Junge starrte ungläubig auf den Fisch. Noch nie hatte ihm jemand einen so herrlichen, duftenden Bissen gereicht.

„Das ist für mich?“ fragte er, und als der Kalopalink nickte, nahm er den Fisch in beide Hände und biß heißhungrig hinein. Er aß schnell und gierig vor Angst, der Riese könne es sich noch anders überlegen und ihm sein Essen wieder wegnehmen. Der aber beobachtete ihn nur wortlos und schien sich sogar zu freuen, daß es ihm so gut schmeckte. Als Itak den Fisch aufgegessen hatte, bot er ihm sogar noch einen zweiten an.

Itak hob die Augen zu dem Kalopalink. „Wirst du mich dann töten?“

Der Riese schüttelte den Kopf.

„Willst du mich etwa nicht töten?“

Der Riese lächelte und schüttelte abermals den Kopf.

Da nahm Itak auch den zweiten Fisch und aß ihn auf. Das seltsame Wesen aber schaute ihm nur stumm zu.

„Warum sagst du nichts?“ fragte der Junge.

Der Kalopalink öffnete den Mund, brachte aber kein Wort heraus und schüttelte den Kopf.

„Kannst du nicht sprechen?“

Da gab ihm der Kalopalink mit Gesten zu verstehen, daß er das wirklich nicht könne, daß er stumm sei.

Von jenem Tag an lebte Itak mit dem Riesen in dessen Inselhöhle. Und es ging ihm nicht schlecht, ganz im Gegenteil, es ging ihm so gut wie nie zuvor. Er hatte zu essen, soviel er nur wollte, und hinten, in der wärmsten Ecke der Höhle, ein weiches Lager mit den besten Fellen. Der Riese war freundlich zu ihm, so daß sich der Junge bald an ihn gewöhnt hatte und ihn gar nicht mehr sonderbar fand. Nur eines tat ihm leid: daß er nicht mit dem Kalopalink ins eiskalte Wasser konnte und nicht so schwimmen wie der. Und so schaute er ihm wenigstens von den Klippen aus zu, wie er in dem klaren Wasser in die Tiefe tauchte, wie schnell und geschickt er war und wie er jeden beliebigen Fisch fing, weil keiner so schnell und wendig war wie er.

Manchmal schwamm der Riese auch weit weg, und blieb einen ganzen Tag aus. Vorher ermahnte er jedesmal Itak, in der Höhle zu bleiben, damit ihm nichts Böses zustieße.

Einmal, als er wieder von weit her geschwommen kam, winkte er Itak, ihm zur Bucht zu folgen. Der Junge jauchzte vor Freude. Auf dem Wasser wiegte sich ein wunderschöner Kajak. Der Kalopalink setzte den Jungen in das Boot, legte sich selbst ins Wasser und schob den Kajak vor sich her, als sei er federleicht. So schwammen sie um die ganze Insel.

Wenn Itak bisher manchmal Langeweile gehabt und das ständige Alleinsein ihn traurig gestimmt hatte, so war er vom Augenblick an, da er den Kajak bekommen hatte, der glücklichste Mensch unter der Sonne. Er paddelte um die Insel herum, durchstreifte die zahllosen Buchten oder fuhr nur ziellos hin und her, starrte in den Himmel oder in das unendliche Meer. Und als der Kalopalink ihm auch noch eine Harpune schenkte und ihm beibrachte, wie man damit umgeht, war er überglücklich. Ach, und als er erst seinen ersten Fisch erlegte! ‚Eigentlich müßte ich der Großmutter dankbar sein‘, sagte er sich und gedachte der Alten im Guten. ‚Hätte mich damals nicht der Kalopalink geholt, so müßte ich noch heute zu Hause Hunger leiden und wäre auf die Barmherzigkeit der Erwachsenen angewiesen. Statt dessen fange ich mir selbst Fische, soviel ich nur will. Ich bin schon fast ein richtiger Jäger, und der Kalopalink ist mein Freund.‘

Ja, so seltsam es scheinen mag, die beiden waren wirklich Freunde geworden.

Auch die Großmutter mußte oft an den Enkel denken, und es gab ihr dann jedesmal einen leichten Stich. ‚Wer weiß, wie es ihm geht und ob er überhaupt noch lebt‘, sagte sie sich und machte sich Vorwürfe, so schlecht an dem Jungen gehandelt zu haben. Noch mehr aber ärgerte sie, daß sie nun überhaupt niemanden mehr hatte, der für sie sorgen könnte. Itak wäre ja nicht immer ein Kind geblieben, wäre zu einem Burschen und jungen Mann herangewachsen, kräftig genug, den Lebensunterhalt für beide zu bestreiten.

„Ich war sehr ungerecht“, haderte sie mit sich selbst.

Da fiel ihr ein, die Fischer im Dorf zu bitten, sie sollten sich doch, wenn

sie aufs Meer hinausfuhren, nach dem Jungen umsehen. Wer weiß, vielleicht würden sie ihn auf einer der Inseln finden.

„Na ja, umschauen können wir uns ja“, meinten die Fischer, „aber zurückbringen, auch wenn wir ihn finden, das kannst du von uns nicht verlangen. Denn wer will schon den Kalopalink gegen sich aufbringen und seine Rache herausfordern?“

Dennoch fand sich einer, namens Katelo, der der Alten versprach, alle Inseln in Küstennähe zu durchsuchen und, falls er Itak finden würde, ihn auch zurückzubringen um jeden Preis. Katelo war ein erfahrener, tapferer Jäger und Fischer, dem der Kalopalink einmal einen bösen Streich gespielt hatte und der dem Riesen deshalb gern eins ausgewischt hätte.

Katelo fuhr also nach und nach die ganze Inselkette ab, die sich vor der Küste entlangzog, verbrachte geduldig lange Stunden in versteckten Buchten und suchte mit seinem Adlerblick die Klippen und Felsen ab. Die Zeit verging, und noch immer hatte er keine Spur von Itak gefunden. Bis er einmal auf einem großen, grauen Felsblock, der über das Meer hinausragte, etwas sich bewegen sah. Erst glaubte er, es sei eine Robbe. Er ruderte vorsichtig näher — und aus der Robbe wurde ein junger Bursche. „Das ist Itak!“ frohlockte Katelo. Obwohl der Junge, seit er aus dem Dorf verschwunden, groß und kräftig geworden war, erkannte er ihn sofort. Katelo verankerte vorsichtig sein Boot und schlich sich lautlos an den Jungen heran.

„Itak“, sprach er ihn leise an, als er bereits hinter ihm stand.

Der Junge erschrak und drehte sich langsam um.

„Itak“, wiederholte der Mann. „Erkennst du mich denn nicht? Ich bin aus deinem Dorf, bin der Jäger Katelo.“

Ein breites Lächeln erschien auf dem Gesicht des Jungen. Zum ersten Mal nach so langer Zeit hörte er wieder einen Menschen sprechen und erkannte den Mann, der ihm hin und wieder ein Stück Fleisch zugesteckt hatte.

„Ich will dich zurückholen, Itak, alle im Dorf vermissen dich.“

„Auch meine Großmutter?“

„Die vor allem“, log der Mann. „Du glaubst ja gar nicht, wie sie um dich trauert und wie sie bereut, was sie dir angetan hat.“ Und er nahm den Jüngling an der Hand. „Komm nur, komm mit, du gehörst zu uns, du kannst doch nicht dein ganzes Leben auf dieser einsamen Insel verbringen“, redete er eindringlich auf den Jungen ein und zog ihn mit zu seinem Boot.

Itak widersetzte sich nicht. Er spürte plötzlich, wie sehr sein Herz nach der

Heimat verlangte, wie sehr er sich nach den Menschen sehnte und nach ihrer Sprache.

„Wo ist der Kalopalink?“ fragte der Mann umsichtig.

Indem hörten sie hinter sich ein Geräusch.

Katelo wandte sich blitzschnell um. Wie aus heiterem Himmel stand hinter ihm der Riese und warf ihm einen haßerfüllten Blick zu. In seiner riesigen Flossenpranke hielt er die Harpune, bereit, im nächsten Augenblick den Jäger zu durchbohren.

Auch Katelo schwang seine Waffe, und beide gingen Schritt für Schritt aufeinander zu.

Da sprang Itak zwischen sie.

„Nein!“ rief er und breitete schützend seine Arme aus. „Kalopalink, töte ihn nicht!“

Der Riese zögerte und ließ die Harpune sinken. Seine Hand zeigte gebieterisch auf den Kajak des Jägers.

Katelo verstand. Er steckte sein Messer weg und sagte zu dem Jungen: „Vergiß die Menschen nicht, Itak!“ Dann bestieg er sein Boot und paddelte zurück zum Land.

„Ich danke dir, Kalopalink, daß du ihn verschonst hast“, sagte der Junge und sah dem Boot nach, bis es seinen Blicken entschwunden war.

Als Katelo glücklich ins Dorf zurückgekehrt war, sagte er zu der Großmutter: „Dein Enkel lebt, aber du wirst ihn nie wiedersehen. Es gibt keinen Menschen, der ihn dem Kalopalink entreißen könnte. Auch ich werde kein zweites Mal das Schicksal herausfordern.“

Und die Alte wußte, daß das die Wahrheit war, denn der tapferste Mann im ganzen Dorf sprach niemals in den Wind. Sie jammerte und klagte und bedauerte zutiefst, was sie getan.

Die Zeit verging, und Itak fühlte, daß sich irgend etwas verändert hatte. Längst war er nicht mehr so zufrieden und glücklich wie früher. Ständig hatte er Katelos Worte im Ohr: „Vergiß die Menschen nicht!“ Obwohl er Überfluß an allem hatte und ganz nach Belieben die Insel durchstreifen oder aufs Meer hinausfahren und sich dem Nichtstun hingeben konnte, wanderte sein Blick immer häufiger von den Klippen zum Land hinüber. Katelo hatte ihm mit seinen Worten eine unerklärliche Unruhe ins Herz gesenkt. Ja, Itak sehnte sich nach den Menschen, nach ihren Stimmen und ihrem Lachen.

Einmal, als er wieder sehnsüchtig über die blaue Wasserfläche starrte, hinter der irgendwo in der Ferne das Land lag und sein Dorf, sah er, wie aus dem Nebel über dem Meer Fischerboote auftauchten, die vom Fang heimkehrten. Ach, wie gern wäre er in sein Kajak gesprungen und hätte sich ihnen angeschlossen! Er schaute ihnen nach, so lange, bis sie als kleine Punkte in der Ferne verschwanden. Und da überkam ihn das Heimweh plötzlich so stark, daß er hinabrannte in die Bucht, sein Kajak losmachte und wie von Sinnen wegpaddelte von der Insel. Bald aber kam er wieder zu sich, wendete und kehrte zurück. Was sollte er ausreißen wie ein kleiner Junge? Der Kalopalink würde seine Flucht ja sowieso bemerken, und weit entkäme er nicht. Und was das Wichtigste war — er wollte von seinem Wohltäter nur im Guten scheiden.

Es verging noch so mancher Tag, bis Itak endlich den Mut fand, sich dem Riesen anzuvertrauen.

„Lieber Kalopalink", begann er zögernd, „dir habe ich es zu verdanken, daß ich nicht mehr weiß, was Hunger ist. Ich habe es bei dir so gut wie nie zuvor in meinem kurzen Leben. Und doch fehlt mir etwas. Je länger, um so mehr . . ."

Der Riese starrte ihn mit seltsam glänzenden Augen an, als wüßte er bereits, was noch kommen würde.

„Laß mich nach Hause!" stieß Itak hervor. „Laß mich zu den Menschen, wenn ich nicht vor Sehnsucht sterben soll!"

Der Kalopalink saß ein Weilchen starr da und blickte ins Leere. Dann erhob er sich und schwenkte drohend seine Arme. Der Junge duckte sich und schlug ängstlich die Hände vors Gesicht. Aber der Riese rührte ihn nicht an. Er stürzte zur Höhle hinaus, packte den nächsten Steinblock und schleuderte ihn wütend ins Meer. Wie von Sinnen rannte er kreuz und quer über die Insel und warf einen Stein nach dem anderen ins Wasser, daß das Meer schäumte wie vom Sturm gepeitscht. Da fiel sein Blick auf das Boot des Jungen. Er hob es in die Höhe und zerschmetterte es an der nächsten Klippe. Und dann sprang er selbst ins Wasser, schwamm weit, wer weiß wohin, und kehrte erst spät wieder zurück.

Am nächsten Morgen stand der Kalopalink auf, als sei nichts geschehen, und winkte dem Jungen, ihm zu folgen. Sie gingen zum Meer. Itak zitterte vor Angst, denn er meinte, der Riese wolle ihn ertränken. Der aber hob ihn mit einer Hand hoch wie eine Feder und schwamm mit ihm von der Insel weg. Ehe sich's Itak versah, tauchte vor ihnen das Festland auf. Der Kalopalink setzte ihn am Strand ab, sah ihn ein letztes Mal traurig an und verschwand in den Wellen.

Itak stand am Meer und konnte lange nicht fassen, daß es kein Traum war. Um sich zu überzeugen, berührte er mehrmals die Erde mit seinen Händen. Sie war fest und dehnte sich weit aus. Auf der einen Seite das Meer, auf der anderen das Land. Er ging ein paar Schritte und stieß auf einen Fluß. Diesen Fluß kannte er. Ein Stück stromaufwärts lag sein Heimatdorf. Schon hörte er das Bellen der Hunde und das Lachen der Kinder.

Am ersten Zelt machte sich ein Mann zu schaffen. Als Itak näher kam, erkannte er in dem Mann Katelo.

„Itak!“ rief der Jäger staunend. „Träume oder wache ich?“ Und als der Junge ihm berichtete, was unterdes geschehen war, meinte er nur kopfschüttelnd: „Wenn ich dich nicht mit eigenen Augen gesund und munter vor mir sähe, nie und nimmer würde ich es glauben.“ Er führte Itak in sein Zelt und bewirtete ihn.

„Ich habe auch eine Nachricht für dich“, sagte er. „Deine Großmutter ist gestorben. Wenn du willst, kannst du bei mir bleiben.“

So blieb Itak bei Katelo und wuchs neben diesem zu einem ebenso stattlichen und tapferen Jäger und Fischer heran. Und als er das Mannesalter erreicht hatte, nahm er eine von Katelos Töchtern zur Frau. Viele Jahre lebte er mit ihr glücklich und dachte oft dankbar an den Kalopalink, der ihm so viel Güte erwiesen hatte.

DIE FRAU, DIE KEIN GLÜCK HATTE

Einem alten Jäger war die Frau gestorben, und so blieb er allein mit seiner Tochter, einem hübschen jungen Mädchen, zurück.

Eines Tages kam eine Nachbarin zu Besuch und sagte zu dem Witwer: „Mein Sohn würde gern deine Tochter zur Frau nehmen."

„Ich bin noch nicht so alt, daß ich nicht selbst für meine Tochter sorgen könnte und ihr alles geben, was sie zum Leben braucht!" fuhr der Alte auf.

„Tu, wie du denkst", erwiderte die Frau. „Deine Tochter ist nicht das einzige Mädchen im Dorf. Ich werde meinem Sohn sagen, er soll sich nach einer anderen Braut umsehen."

Ebenso erging es auch allen anderen Freiern. Jeden wies der Jäger mit der Begründung ab, er sei noch kräftig genug, selbst für seine Tochter zu sorgen.

Aber die Zeit verging, und mit der Zeit wurden auch die Augen und die Arme des Jägers schwächer, und er brachte immer weniger von der Jagd nach Hause.

„Du solltest langsam heiraten", riet er der Tochter.

„Nein, das werde ich nicht", erklärte die entschlossen. „Die jungen Freier hast du alle abgewiesen, und einen alten will ich nicht."

Wie die Kräfte des Vaters abnahmen, redete er der Tochter immer öfter ins Gewissen, doch einen Mann zu nehmen, aber er hörte immer wieder die gleiche Antwort: „Nein, ich heirate nicht."

„Ich kann dich kaum noch ernähren und kleiden, ich bringe ja immer weniger von der Jagd heim", jammerte der alte Jäger. „Schließlich werden wir noch verhungern."

„Du hast es ja so gewollt!"

Einmal, als der Vater mit leeren Händen von der Jagd heimkehrte, sagte er: „Ich habe wieder nichts getroffen, aber dafür habe ich ein riesiges Heidelbeerfeld entdeckt. Morgen gehen wir zusammen hin und pflücken Beeren, dann haben wir genug zu essen."

Am nächsten Morgen machten sich die beiden auf den Weg. Sie mußten lange gehen, bis sie zu jener Stelle kamen, wo der Boden weit und breit blau war von den süßen Beeren.

Als sie beide Robbenfellsäcke voll gesammelt hatten, erklärte der Alte, daß es zur Heimkehr bereits zu spät sei und sie in der nahen Jagdhütte übernachten müßten.

In der Nacht wurde das Mädchen vor Kälte munter. Durch das offene Oberfenster schien der Mond herein. Das Lager des Vaters war leer. Sie stand auf und wollte hinaus, um das Fenster von draußen zu schließen, aber die Tür ließ sich nicht öffnen. Als sie eingeschlafen war, hatte der Vater sich leise erhoben, die Hütte verlassen und die Tür von außen zugeriegelt, damit sie nicht hinauskonnte. So wollte er sie loswerden.

Die Tochter wickelte sich in die Felle und weinte bitterlich. Da hörte sie draußen ein Rascheln und gleich darauf eine Stimme von oben: „Ich liebe dich, nimm mich zum Mann!"

Im Fenster saß eine große Maus.

„Geh weg!" schrie das Mädchen. „Und laß dich ja nicht mehr blicken!"

Als die Maus verschwunden war, versuchte die Tochter wieder einzuschlafen. Kaum aber hatte sie die Augen geschlossen, da tönte es wieder von oben: „Ich liebe dich, nimm mich zum Mann!"

Diesmal war es ein Fuchs, der seinen Kopf zum Fenster hereinsteckte.

„Geh weg!" rief das Mädchen. „Ich will dich nicht sehen!"

Der Fuchs verschwand, und das Mädchen legte sich wieder hin. Aber noch ehe sie einschlafen konnte, hörte sie draußen Schritte und dann von oben eine Stimme: „Ich liebe dich, nimm mich zum Mann!“

Sie hob den Kopf und sah einen jungen Mann, der zum Fenster hereinschaute.

„Warum nicht“, antwortete sie. „Dich nehme ich gern!“

Das Gesicht verschwand, dann stampfte es draußen, und schließlich flog die Tür auf, und in der Hütte stand ein riesiger Bär.

„Hier hast du mich!“ sagte er und streckte seine Pranken nach ihr aus.

„Nein, dich will ich nicht!“ schrie das Mädchen verzweifelt und schlug die Hände vors Gesicht.

Aber der Bär beachtete ihr Geschrei gar nicht. Er packte sie und trug sie in seine Höhle.

„Von diesem Augenblick an bist du meine Frau!“ erklärte er und verwandelte sich vor ihren Augen in einen jungen Mann. Diese Verwandlung wiederholte sich Nacht für Nacht, denn tagsüber war ihr Mann ein Bär und konnte nur in der Nacht Menschengestalt annehmen.

Die Frau gewöhnte sich mit der Zeit, verlor ihre Angst vor dem Bären und dachte nicht mehr daran zu fliehen.

Nach einiger Zeit gebar sie ein Kind und war von Herzen froh, daß ihr Söhnchen kein kleiner Bär war, sondern ein Mensch.

Doch sie hatte sich zu früh gefreut. Kaum hatte der Sohn laufen gelernt, da wollte er auch schon mit dem Vater auf die Jagd. Und als die beiden die Schwelle überschritten, da nahm auch der Sohn Bärengestalt an: tagsüber war er ein Bär, in der Nacht ein Mensch.

„Ach, ich Unglückliche!“ jammerte die Frau, wenn sie allein in ihrer Höhle zurückblieb. „Womit habe ich nur ein solches Schicksal verdient?“

Am Tag schleppte sie sich nur müde herum, und in der Nacht konnte sie nicht schlafen. Sie stand von ihrem Lager auf und betrachtete stundenlang die schönen, männlichen Züge, die das Gesicht ihres Sohnes nur des Nachts annahmen. Sie streichelte sein seidenes Haar, das sich am Morgen wieder in zottiges Bärenfell verwandeln würde. Ach, wenn er doch für immer ein Mensch sein könnte!

Einmal hatte sie einen seltsamen Traum: Sie saß am Fluß, der unweit der Schlucht vorbeifloß, wo sie mit ihrem Mann und ihrem Sohn hauste, und beobachtete das Spiel der Sonnenstrahlen auf dem Wasserspiegel. Da tauchte plötzlich ein riesiger Fischkopf aus den Fluten auf.

„Ich weiß von deinem Herzeleid“, sprach der Fisch freundlich. „Und ich kann dir auch helfen, wenn du nur willst.“

„Wie sollte ich nicht wollen?“ antwortete die Frau. „Ich bin ja schon ganz krank vor Kummer.“

„So höre denn gut zu, was du tun mußt, um deinem Sohn und seinem Vater für immer menschliche Gestalt zurückzugeben. Am Morgen, wenn sie zur Jagd aufbrechen, reiße beiden ein Büschel Bärenhaar aus. Das verbrenne und hebe die Asche sorgfältig auf. Wenn die beiden dann abends eingeschlafen sind, bestreue jeden mit der Asche von seinem Fell. Aber du mußt gut achtgeben, daß auch ja kein Stäubchen danebenfällt. Wenn du meinen Rat befolgst, wirst du es nicht bereuen.“

So sprach der Fisch und verschwand in die Tiefe.

Als die Frau am Morgen erwachte, hatte sie den Traum noch lebhaft vor Augen. Sie war sich nicht schlüssig, ob sie sich danach richten oder lieber alles vergessen sollte. Aber ehe sie sich noch entschieden hatte, standen die beiden Männer auf, verwandelten sich in Bären und liefen hinaus.

Auch die Frau trat aus der Hütte und lenkte ihre Schritte nachdenklich zum Fluß. Sie erkannte die Stelle wieder, an der sie im Traum gesessen hatte, und ließ sich dort ins Gras sinken. Gespannt starrte sie aufs Wasser, aber kein Fisch erschien. Da ging sie enttäuscht heim und sagte sich, daß das alles ja nur ein Traum gewesen sei, wie man eben dummes Zeug zusammenträumt, das keinen Sinn hat. Am besten war es, nicht mehr daran zu denken. Doch das ging nicht. Den ganzen Tag sah sie das silberne Band des Flusses vor sich und hörte die Worte des Fisches. Ungeduldig wartete sie auf die Heimkehr der Bären.

Mit der Dämmerung kamen auch die Bären nach Hause. Als es dunkel wurde, nahmen sie Menschengestalt an, legten sich hin und schliefen ein. Auch die Frau suchte ihr Lager auf, und bald waren ihr vor Müdigkeit die Augen zugefallen. Im Traum erschien ihr wieder der Fisch und wiederholte die gleichen Worte wie in der vergangenen Nacht.

‚Es ist dumm, den Träumen zu vertrauen‘, sagte sich die Frau am Morgen, als sie aufstand, um Mann und Sohn das Essen zu bereiten. ‚Ich darf nicht mehr daran denken, sonst mache ich mir nur unnötig Hoffnung, wo es keine gibt.‘

Aber auch in der dritten Nacht träumte sie von dem Fisch, und der Traum war so lebendig, daß sie schweißgebadet aufwachte und bis zum Morgen kein Auge mehr zutun konnte. Unruhig wälzte sie sich auf ihrem Lager aus weichen Fellen hin und her und hörte immer wieder die Worte des Fisches: „Die Haare verbrenne und hebe die Asche sorgfältig auf. In der Nacht, wenn beide schlafen, bestreue jeden mit der Asche von seinem Fell. Aber gib ja gut acht, daß auch ja kein Stäubchen danebenfällt!"

Nun zweifelte sie nicht mehr. Nein, das konnte gar kein gewöhnlicher Traum gewesen sein. Bestimmt hatte aus dem Mund des Fisches ein guter Geist zu ihr gesprochen, den ihr unglückliches Schicksal jammerte.

Im Morgengrauen erhob sie sich, um ja den richtigen Augenblick nicht zu verpassen. Und als dann Mann und Sohn zur Tür hinauswollten, riß sie beiden schnell ein kleines Haarbüschelchen aus. Kaum war sie allein, nahm sie eine Fackel und verbrannte zuerst die Zotteln des Mannes und dann die des Sohnes und tat die beiden Aschenhäufchen sorgfältig jedes auf ein kleines Stück Leder.

Nie zuvor hatte die Frau so sehnsüchtig auf den Abend gewartet wie diesmal. Immer wieder schaute sie zur Sonne auf, wie weit die schon gewandert war auf ihrem Weg von Osten nach Westen, und konnte es kaum erwarten, daß die Bären heimkehrten.

Endlich war es soweit. Gegen Abend hörte sie das bekannte Brummen, und bald darauf trabten die beiden herein.

„Wir hatten heute einen guten Tag", sagte der alte Bär und warf eine Rentierkeule von der Schulter.

„Und hier ist ein Leckerbissen für dich", erklärte der Sohn und reichte der Mutter die noch warme Rentierleber.

Sie unterhielten sich ein Weilchen, tranken jeder eine Schüssel Wasser leer und ließen sich müde auf ihr Lager fallen. Und kaum waren sie eingeschlafen, da ging mit ihnen die gewohnte Verwandlung vor: Aus den zottigen, furchteinflößenden Bären wurden Männer. Der eine älter, mit ergrauendem Haar und Bart, aber immer noch stattlich, und der andere ein schlanker, hübscher Jüngling mit glatter Haut und weichem Flaum um den Mund.

Lange betrachtete die Frau die Gesichter der beiden, die sie liebte, vor deren Bärengestalt ihr aber graute. Lange kämpfte sie mit sich selbst, ehe sie sich zu dem durchrang, was der Fisch ihr im Traum geraten. Mochte kommen was wollte, schlimmer konnte es ja nicht mehr werden! Sie stand entschlossen auf und bestreute mit zitternden Fingern zunächst den Sohn mit Asche. Nichts geschah. Der Jüngling schlief ruhig weiter, und der Mutter schien sogar, als lächle er im Traum. Dann nahm sie das Leder mit dem zweiten Aschenhäufchen und streute es über ihren Mann. Erst das Gesicht, die Arme, die Brust. Aber wie ihr die Hand vor Aufregung zitterte, fiel die letzte Asche statt auf die Beine des Mannes auf das Fell, auf dem er lag.

‚Nun ist alles verloren!' erschrak die Frau und wartete atemlos, was geschehen würde.

Aber nichts tat sich. Der Mann schlief ruhig weiter und schnarchte leise.

Die Frau blieb bis tief in die Nacht munter, aber dann übermannte auch sie der Schlaf.

Plötzlich wurde sie von lautem Geschrei munter. Es war Tag, und ihr Mann lief wie von Sinnen in der Stube auf und ab: vom Gürtel aufwärts ein Mensch, unten ein Bär.

„Es ist Tag, und ich sollte längst ein Bär sein!" brüllte er. „Wer hat mich derart verunstaltet?"

Da fiel sein Blick auf den Sohn, der von Kopf bis Fuß Menschengestalt hatte — obwohl doch auch er zu dieser Stunde ein Bär hätte sein sollen.

„Was geht hier vor sich?" brüllte er und schlug sich mit den Fäusten gegen die Brust, wie es die Bären zu tun pflegen. „Wer treibt da mit uns sein böses Spiel? Weißt du vielleicht was?" wandte er sich an die Frau.

„Ich ... ich ... ich ...", stotterte die Frau verängstigt.

Der Mann trat auf sie zu und schüttelte sie wild.

Da aber sprang der Sohn, der bis dahin ungläubig abwechselnd sich und den Vater angestarrt hatte, auf und riß ihn zurück.

„Rühr die Mutter nicht an!"

„Was?" brüllte der Vater. „Du willst mir Vorschriften machen?" Er packte den Sohn und wollte ihn in die Schranken verweisen. Aber er hatte nicht bedacht, daß er ja kein Bär mehr war, aber auch kein Mann, daß er weder die Kräfte des einen noch die des anderen besaß. Ehe er sich's versah, lag er auf dem Boden und versuchte vergeblich, den Sohn abzuwerfen. Eine Weile kämpfte er noch, bis er begriff, daß er dem Sohn nicht gewachsen war.

Während die beiden miteinander rangen, hatte die Frau sich von ihrem Schreck erholt, und sie riß schnell ihrem Mann ein Büschel zottiges Haar aus jedem Bein. Vielleicht konnte sie ihren Fehler noch gutmachen.

„Laß los, mein Sohn", ächzte der Vater. „Du bist stärker. Ich bin weder ein Mann noch ein Bär, ich bin eine Mißgestalt, die allen nur zum Gespött sein wird."

Er stand auf und betastete sich, weil er noch immer nicht begreifen konnte, was eigentlich mit ihm geschehen war.

„Ich gehe!“ erklärte er dann. „Ich gehe von euch, denn mein Platz ist weder unter euch Menschen noch bei den Bären.“

Die Frau stellte sich ihm in den Weg.

„Geh nicht, alles wird wieder gut!“ rief sie flehend.

„Nein, nichts wird gut!“ Er schob sie zur Seite und stürzte hinaus.

Der Sohn rannte ihm nach und wollte ihn zurückholen, aber seine Beine waren längst nicht so schnell wie die Bärenbeine des Vaters, der bald in der Ferne verschwunden war.

Die Frau machte sich bittere Vorwürfe. Ach, hätte sie doch besser aufgepaßt, daß kein Aschenstäubchen danebenfiel, wie ihr der Fisch so eindringlich geraten, sie hätte heute Mann und Sohn haben können! Noch hegte sie in ihrem Herzen die Hoffnung, daß der Mann eines Tages zurückfinden würde. Dann würde sie die beiden Haarbüschel verbrennen, die Asche über seine Beine streuen und ihn so zum Menschen machen.

Doch wie die Tage vergingen, zu Wochen wurden und schließlich zum Jahr, da mußte die Frau einsehen, daß sie vergeblich gehofft hatte.

„Gräme dich nicht mehr“, tröstete der Sohn sie. „Sei froh, daß du wenigstens mich erlöst hast.“

„Du hast recht, ich habe genug gelitten in meinem Leben. Ich will endlich glücklich sein, glücklich, daß ich dich habe.“

„Und laß uns zu den Menschen gehen“, bat der Sohn. „Denn wir sind keine Bären, um in dieser Höhle zu hausen.“

Der Mutter gab es einen Stich. Sie erkannte in diesem Augenblick, wie sehr sie sich die ganze Zeit über nach menschlicher Gesellschaft gesehnt hatte.

Und so machten sie sich unverzüglich auf den Weg. Sie hatten Glück und stießen bald auf ein Eskimodorf.

DIE WILDGÄNSE

Vor langer, langer Zeit lebte einmal ein junger Mann namens Jenke. Er hätte gern geheiratet, aber niemand wollte ihm seine Tochter geben, weil er arm war.

Deshalb verließ Jenke eines Tages seine Heimat und zog in die weite Welt hinaus. Lange wanderte er durch die Tundra, bis er an einen Fluß kam. Und weil er müde war, streckte er sich am Ufer im Gras aus und schlief ein.

Ein Geräusch weckte ihn. Er schlug die Augen auf und sah neben sich zwei Schwäne. Ganz nahe waren sie, aber sie hatten ihn nicht bemerkt in dem hohen Gras. Sein erster Gedanke war, die Schwäne zu töten, denn er war hungrig. Dann aber hatte er eine bessere Idee. Er kroch noch näher heran, und als die Schwäne ihn bemerkten und auffliegen wollten, packte er jeden an einem Bein und flog mit ihnen in die Höhe. Bald war der Fluß seinen Blicken entschwunden, und unter ihm breitete sich die grüne Tundra aus. Seine Arme begannen zu schmerzen, aber die Schwäne flogen immer weiter. Und dann sah Jenke unter sich das Meer. ‚Wenn ich jetzt loslasse, stürze ich ins Meer und ertrinke, ich muß aushalten, so weh es auch tut!' dachte er und biß die Zähne zusammen.

Endlich tauchte unter ihm wieder Land auf.

‚Wie kann ich die Schwäne nur dazu bringen, hinabzufliegen?' überlegte der Jüngling. ‚Lange kann ich mich nicht mehr halten.' Indem rutschte seine erstarrte Hand ab, und er hing nur noch an einem Schwan. Und weil er für den einen zu schwer war, begann er langsam zu sinken.

‚Ich bin gerettet', jauchzte Jenke, griff auch mit der anderen Hand wieder fest zu, und es dauerte nicht lange, da hatte der Schwan ihn abgesetzt.

Froh schritt der Jüngling aus und kam nach einer Weile an einen großen See. Auf dem Wasser schwammen Wildgänse, und am Ufer standen viele kleine rote Schuhchen in Reih und Glied. Jenke suchte sich die schönsten aus und versteckte sich damit im Gebüsch.

Bald darauf stiegen die Gänse aus dem Wasser, zogen sich ihre roten Schuhchen an und flogen eine nach der anderen davon.

Nur eine einzige war übriggeblieben. Sie lief aufgeregt am Ufer hin und her und jammerte: „Wo sind nur meine roten Schuhe?"

Der Jüngling trat aus seinem Versteck.

„Hier sind sie!"

„Ach, gib sie mir, bitte, bitte, gib sie mir!" bat die Gans.

„Aber nur, wenn du mich zum Mann nimmst!"

„Das kann ich nicht, ich muß meinen Schwestern nachfliegen", erklärte die Gans.

„So flieg doch!" rief Jenke und tat, als wolle er mit den roten Schuhen davongehen.

Die Gans lief ihm nach. „Also gut, ich werde deine Frau. Aber du mußt mir meine Schuhe wiedergeben."

Der junge Mann stellte die Schuhe auf die Erde. Die Gans zog sie an und verwandelte sich im gleichen Augenblick in eine wunderschöne Jungfrau.

Jenke gab ihr den Namen Ita. Er ließ sich mit ihr am See nieder und baute eine Hütte. Und in der lebten sie dann glücklich zusammen, und bald wurde ihnen auch ein Sohn geboren.

Solange Jenke nur Rentiere und Fische fing, war alles gut. Eines Tages aber kamen Wildgänse zum See geflogen, und der junge Mann schoß ein paar davon ab, brachte sie nach Hause und trug seiner Frau sogleich auf, sie zu rupfen.

Ita aber wollte nicht. „Du hast meine Schwestern getötet", sagte sie vorwurfsvoll.

„Du bist keine Gans mehr, du bist ein Mensch!" schalt Jenke und bestand darauf, sie solle die Gänse rupfen.

Die Frau begann zu weinen. „Also gut, du sollst deinen Willen haben", sagte sie dann unter Tränen. Sie rupfte ein paar Federn aus, steckte sie sich und ihrem Söhnchen zwischen die Finger — und ehe sich's unser lieber Jenke versah, flogen zwei Gänse von der Hütte zum Himmel auf und waren bald in der Ferne verschwunden.

„Was habe ich nur getan!" jammerte Jenke und bereute seinen Starrsinn. Aber zu spät, Frau und Sohn kehrten nicht zurück.

Der Mann machte sich sogleich auf die Suche nach seinen Lieben. Lange zog er umher, begegnete auch hin und wieder Jägern, aber keiner von ihnen hatte die beiden Wildgänse gesehen.

Eines Tages kam er zu einem breiten Fluß, an dem saß ein Fischer und behaute einen Baumstamm mit der Axt. Die Späne flogen nur so umher, verwandelten sich in Lachse und sprangen sogleich ins Wasser.

Jenke sah dem Mann von weitem verwundert zu, und da er dessen Gesicht nicht sehen konnte, ging er um ihn herum und trat von vorn auf ihn zu.

„Wohin?“ fuhr der Mann ihn an.

„Immer der Nase nach.“

„Dein Glück, daß du ehrlich bist!“ erklärte der Fischer. „Wärst du von hinten gekommen, wie es Menschen tun, die nichts Gutes im Schilde führen, hätte ich dir den Kopf abgeschlagen.“

„Hast du nicht zwei Wildgänse gesehen?“ fragte Jenke. „Es sind meine Frau und mein Sohn. Ich suche sie überall.“

„Ja, die habe ich gesehen“, antwortete der Fischer. „Du gehst schon richtig, aber du kommst zu spät. Deine Frau hat inzwischen einen anderen geheiratet.“

„Wo ist sie?“ drang der junge Mann in den Fischer. „Ich muß sie wiederhaben!“

„Am anderen Ufer.“

Jenke ließ den Kopf hängen. „Wie soll ich dort hinüber kommen, wo ich doch kein Boot habe?“

„Ich werde dir helfen“, erbot sich der Fischer. „Ich gebe dir die Rückengräte eines Lachses. Wenn du die Augen schließt, verwandelt sie sich in einen Kajak und trägt dich sicher ans andere Ufer. Aber vergiß nicht, du mußt die Augen geschlossen halten. Sobald du sie öffnest, verschwindet das Boot, und du ertrinkst.“

Jenke trat zum Wasser hinab, nahm die Gräte, schloß die Augen, und die Gräte verwandelte sich in einen Kajak. Jenke tastete sich mit geschlossenen Augen ins Boot, setzte sich hin und fühlte, wie sich das Boot mit ihm in Bewegung setzte. Auf einmal war ihm, als hätte das Wasser aufgehört zu plätschern und als stünde der Kajak still. Vorsichtig blinzelte er mit einem Auge. Im gleichen Augenblick schwankte das Boot so stark, daß der Mann fast ins Wasser gefallen wäre. Schnell kniff er wieder die Augen zu, und das Boot beruhigte sich wieder.

Nach einer Weile spürte Jenke, wie es auf dem Ufer aufsetzte. Er öffnete die Augen und stieg aus. Unweit sah er eine Hütte, und vor der spielte ein Kind. Jenke ging näher und erkannte in dem Kind seinen Sohn. Auch der Junge erkannte seinen Vater und rannte aufgeregt in die Hütte.

„Mutter!“ rief er. „Unser Vater ist da!“

„Unsinn“, erklärte die Mutter. „Der findet uns nie und nimmer!“ Und schob den Jungen zur Tür hinaus.

Der aber kehrte zurück und rief wieder: „Mutter, unser Vater ist da!“

Da trat auch die Frau vor die Tür und sah ihren Mann. Erschrocken bückte sie sich zur Erde, wo drei Paar Schuhe standen: ein kleines, ein mittleres und ein großes. Aber Jenke kam ihr zuvor und griff schnell nach den beiden kleineren Paaren.

In dem Augenblick kam auch Itas zweiter Mann aus der Hütte. Er wollte sich auf Jenke stürzen, aber als er die Schuhe in dessen Händen sah, hielt er inne, zog sich das größte Paar, das Jenke hatte stehenlassen, an und verwandelte sich in einen Gänserich. Und flog laut schnatternd davon.

Jenke aber blieb mit seiner Frau und seinem Söhnchen in der Hütte am Fluß, und wenn sie nicht gestorben sind, dann leben sie dort noch heute.

DER RABE UND DIE EULE

In längst vergangenen Zeiten lebten der Rabe und die Eule zusammen. Und weil die Welt damals noch keinen Frost kannte und es immer warm war, trugen beide leichte, luftige Kleider. Aber dann wandte die Sonne eines Tages ihr Antlitz von der Erde ab, und grimmiger Frost setzte ein.

„Wir müssen uns warme Kleider nähen, damit wir nicht erfrieren", erklärte der Rabe.

Und er nähte für die Eule ein schwarzes Kleid mit weißen Punkten.

Die Eule machte dem Raben erst einmal feste Schuhe aus Robbenfell, und dann schnitt sie weißen Stoff zu und begann zu nähen. Als sie aber dann dem Raben das Kleid anprobieren wollte, ob es auch gut passe, da wollte der Rabe nicht stillstehen und hüpfte ungeduldig auf und ab.

„Wenn du nicht stillstehst, gieße ich dir das Lampenöl über den Kopf!" schimpfte die Eule.

Der aber hüpfte weiter von einem Bein aufs andere.

Da riß der Eule die Geduld. Sie warf die Nadel hin, griff wütend nach der Lampe und begoß den Raben vom Scheitel bis zur Sohle mit Fischtran. Der erschrockene Rabe konnte gerade noch „Krah! Krah!" krächzen, dann flog er davon.

Seit der Zeit ist der Rabe schwarz. Und seit der Zeit ist auch seine Freundschaft mit der Eule zu Ende.

DER FISCHER UND DER WAL

Einmal paddelte ein Fischer betrübt heim. Er hatte kein Glück gehabt — zwei armselige Dorsche, das war sein ganzer Fang. Wie er sich mit seinem Boot dem Land näherte, da sah er an einer Stelle, wo sonst nichts gewesen war als Sand, einen großen Steinblock liegen. Sollte das Meer einen Findling an den Strand gespült haben? Aber es war doch schon tagelang kein Sturm gewesen und kaum Wellengang.

Der Fischer zog seinen Kajak an Land und ging hin, um sich den Stein aus der Nähe zu betrachten. Und da stellte es sich heraus, daß es gar kein Stein war, sondern ein Wal, der auf dem Strand lag und schlief. Wie mochte der nur hierhergekommen sein? Sicher war er aus der Tiefe ins seichte Wasser geschwommen, um sich auszuruhen, und während er schlief, hatte ihn die Ebbe überrascht, und so war der Wal auf dem Trockenen gelandet.

Der Fischer konnte es kaum fassen. Denn einen Wal zu fangen, das konnte man wirklich Glück nennen. Das war noch keinem gelungen! Schnell lief er zum Boot zurück, um seine Harpune zu holen.

Als er zurückkam und den Wal mit der Harpune erlegen wollte, da wurde dieser munter.

„Töte mich nicht, guter Mann“, bat er. „Es soll gewiß dein Schaden nicht sein.“

Der Fischer erschrak. Ein Wal, der sprechen konnte, das war ganz bestimmt kein gewöhnlicher Wal. Und so ließ er die Harpune sinken,

„Du wirst es nicht bereuen!“ versicherte der Wal.

Der Fischer ging zu seinem Kajak zurück und überlegte, ob es nicht falsch gewesen war, auf den Wal zu hören. Einen solchen Fleischberg ins Meer zurückschwimmen zu lassen, war das nicht Wahnsinn? Auf jeden Fall beschloß er, zu Hause lieber nichts davon zu erzählen, sonst würden ihn bestimmt alle auslachen.

Inzwischen kam die Flut, und der Wal verschwand im Meer. Als der Fischer am nächsten Tag an der gleichen Stelle vorbeipaddelte, da war er schon fast sicher, nur geträumt zu haben.

Aber etwas war von jenem Tag an anders. So oft der Fischer aufs Meer fuhr, nie kehrte er mit leeren Händen heim. Selbst wenn die anderen Fischer keinen einzigen Fisch gefangen hatten, er machte jedesmal reichen Fang. Mit seinem Boot war nämlich etwas Seltsames vorgegangen — es fuhr seine eigenen Wege: stets dorthin, wo auch die Fischschwärme zogen. Oft geschah es, daß der Fischer nach links steuerte, das Boot aber in die entgegengesetzte Richtung fuhr, dorthin, wo Fische waren.

Und so kam der Fischer mit der Zeit zu der Überzeugung, daß das alles nicht mit rechten Dingen zuging. Und es gab dafür nur eine Erklärung: Der Wal hatte sein Versprechen gehalten.

Der Fischer behielt sein Geheimnis für sich, und das Jagdglück verließ ihn nie mehr, solange er lebte.

DIE KLEINE MAUS MIT DEN GROSSEN AUGEN

Eine kleine Maus wollte gern die Welt kennenlernen. Zu Hause machte es ihr keinen Spaß mehr, sie wollte wissen, wie es anderswo zugeht. Und so nahm sie eines Tages Abschied von ihrer Großmutter und marschierte in die weite Welt hinaus.

Es war ein schöner Sommertag, und das Mäuschen schritt frohgemut aus. Es lief und lief, bis es plötzlich vor einem großen See stand.

„Ach, ist das ein riesiger See!“ rief es. „Aber so groß, daß ich nicht hinüberschwimmen könnte, ist er nun auch wieder nicht.“ Es sprang ins Wasser und schwamm munter drauf los, wobei es selbst seinen Mut bewunderte.

Als es am anderen Ufer wieder an Land gekrochen war, stimmte es stolz ein lustiges Liedchen an und marschierte weiter, so lange, bis es am Fuß eines Berges angekommen war.

„Ach, ist das ein Riesenberg!“ staunte das Mäuschen. „Aber Riesenberg oder nicht, ich werde doch hinüberspringen, mir ist nichts zu hoch!“ Es nahm Anlauf und war — hoppla! — auf der anderen Seite. „Ich bin doch wirklich ein Teufelskerl!“ bewunderte es sich selbst.

Das Mäuschen ruhte sich ein bißchen aus und zog dann weiter. Und wie es so dahinspazierte und dabei fröhlich sang, trat ihm plötzlich ein großer Bär in den Weg. Erst erschrak das Mäuschen ja ein wenig, aber es hatte sich schnell wieder gefaßt.

„Geh mir aus dem Weg, Bär!“ schrie es den Bären an und stieß ihn zur Seite. Der Bär brummte etwas vor sich hin und trollte sich davon.

Das Mäuschen blähte sich auf vor Stolz über seine Tapferkeit. „Nun hab ich eigentlich genug von der Welt gesehen, das reicht mir“, meinte es und kehrte nach Hause zurück.

„Na, lange bist du ja nicht in der Welt gewesen“, sagte die Großmutter.

„Dafür habe ich aber so viele Abenteuer erlebt wie andere Mäuse ihr ganzes Leben lang nicht!“ brüstete sich das Mäuschen.

„So, und was hast du denn alles erlebt?“ wollte die Großmutter wissen.

Und das Mäuschen berichtete: „Erst bin ich über einen riesigen See geschwommen.“

Die Großmutter lächelte. „War das nicht vielleicht eine Rentierspur voll Regenwasser?“

„Und dann bin ich über einen Riesenberg gesprungen“, erzählte das Mäuschen weiter.

„Mein liebes Mäuschen, war der Riesenberg nicht vielleicht ein Stück Hasendreck?“ fragte die Großmutter.

„Schließlich bin ich einem riesigen Bären begegnet und habe ihn in die Flucht geschlagen!“

„Du bist noch klein und hast große Augen“, sagte die Großmutter. „Wenn du einmal groß bist und wieder so einem Bären begegnest, wirst du wohl nur eine Mücke sehen.“

DIE GEFRÄSSIGE KRÄHE

Es war einmal eine Krähe, die dachte Tag und Nacht nur ans Essen. Sie fraß und fraß, so viel nur in sie hineinging, denn sie war ständig hungrig.

Einmal ging sie zum Meeresstrand, um sich nach etwas Eßbarem umzusehen. Wie sie so von Stein zu Stein hüpfte und in jedes Rinnsal und jeden Spalt spähte, entdeckte sie einen Krebs. Sie packte mit dem Schnabel zu und zog den Krebs an Land. Aber der war auch nicht faul und schlug der Krähe seine Zangen ins Bein. Und ehe sie recht wußte, wie ihr geschah, da war ein zweiter Krebs seinem Kameraden zu Hilfe geeilt und hatte sie in das zweite Bein gezwickt.

„Siehst du, du wolltest uns auffressen, und nun fressen wir dich!" höhnten die Krebse.

Die Krähe schlug sogleich eine andere Tonart an.

„Aber wo denkt ihr denn hin, liebe Krebse, ich hatte nur Langeweile und suchte jemanden zum Spielen. Was das Essen anbelangt, da habe ich ganz andere Leckerbissen. Ihr würdet Augen machen!"

„Was willst du schon für Leckerbissen haben?"

„Ihr braucht nur mit mir zu kommen, ich teile gern mit euch. Es ist nur ein paar Schritte von hier. So was Köstliches habt ihr noch nie gegessen."

Die Krebse ließen die Krähe los, und die schlug mit den Flügeln und flog in die Höhe.

„Na, greift doch zu, ihr Dummköpfe!" lachte sie die Krebse aus und flog davon.

Wie sie so über der Gegend kreiste, sah sie unten einen Mann, der zog einem erlegten Rentier das Fell ab und schnitt Fleisch und Talg in Stücke.

„Ach, das wäre was für mich", seufzte die Krähe und überlegte, wie sie den Mann weglocken könnte. Da sah sie, wie das Meer einen toten Fisch an den Strand spülte. Die Krähe flog hin, riß dem Fisch die Schuppen aus und wälzte sich darin, so daß die an ihrem Gefieder klebenblieben. Dann flog sie zu dem Jäger zurück und setzte sich in seiner Nähe hin.

„Wieso bist du voller Schuppen, Krähe?" fragte der Mann verwundert.

„Ach, ich habe so viele Fische gefangen, daß ich gar nicht weiß, wohin damit", erwiderte die Krähe. „Du kannst gern welche abhaben, wenn du willst. Du brauchst nur zum Meer zu laufen, da liegt ein ganzer Haufen. Ich passe hier inzwischen auf dein Rentier auf."

„Das ist nett von dir", meinte der Mann. „Ein paar Fische kämen mir gerade recht." Und er lief in Richtung Meer davon. Die Krähe machte sich indes über das Ren her und schlang gierig den duftenden Talg in sich hinein.

Der Jäger kam zum Strand, aber statt des versprochenen Haufens Fische fand er dort nur einen einzigen toten Dorsch. Wütend rannte er zurück.

„Du hast mich an der Nase herumgeführt, Krähe!" schrie er. Aber die Krähe wartete natürlich nicht, bis er heran war. Sie verschlang noch ein letztes Stück Talg, schnappte noch ein großes Stück Fleisch, schlug mit den Flügeln und lachte den armen Mann von oben noch aus.

In sicherer Entfernung ließ sie sich nieder, um in einem Gebüsch am Wasser das Fleisch in Ruhe zu verzehren.

Wie sie sich so gütlich tat, hörte sie ganz in der Nähe jemand lamentieren. Neugierig, wie sie nun einmal war, mußte sie natürlich nachsehen, was das wohl war.

Und sie sah zwei kleine Vögel, die sich mit einem Häuflein Holz abplagten und vergeblich versuchten, Feuer zu machen.

„Was jammert ihr denn hier herum, ihr Kleinen?" fragte sie freundlich.

„Wir wollen uns Fische braten und kriegen das Feuer nicht an."

Die Krähe sah die Fische neben der Feuerstelle und verspürte gleich wieder Appetit.

„Ach, ihr Armen, wegen der paar armseligen Fischlein lohnt es sich doch gar nicht, Feuer zu machen. Ich dagegen, ich habe so viele Fische gefangen, daß ich gar nicht weiß, wohin damit."

„Und wo hast du die denn?" erkundigten sich die Vögel.

„Dort unten am Strand. Wenn ihr wollt, könnt ihr hinfliegen und euch holen, soviel ihr wollt. Ich passe inzwischen auf eure Gründlinge auf und mache Feuer."

„Das ist aber wirklich nett von dir", zwitscherten die Vögel und eilten zum Meer. Statt der versprochenen Fische fanden sie aber nur einen einzigen Dorsch.

Die Krähe verdrückte inzwischen alle Fische, die die Vögel hatten braten wollen, flog in die Höhe und verspottete die Angeführten noch obendrein, wie herrlich es ihr geschmeckt habe. Und als sie dieses Zeitvertreibs überdrüssig war, flog sie weiter.

Sie flog übers Land und spähte nach einem guten Bissen aus. Und sie hatte Glück. Sie sah ein Eichhörnchen mit einem Körbchen Heidelbeeren. Das Körbchen war so voll und schwer, daß das Eichhörnchen es kaum schleppen konnte. Der Krähe lief das Wasser im Munde zusammen. „Heidelbeeren!" seufzte sie. „Die esse ich für mein Leben gern!" Sie flog auf die Erde und ging dem Eichhörnchen entgegen.

„Nein, welch ein Zufall!" rief sie schon von weitem. „Ich bin gerade unterwegs zu dir. Ich habe gehört, du sollst wunderschön tanzen können. Ach bitte, zeig es mir doch, ich möchte nämlich schrecklich gern tanzen lernen."

„Aber gern", meinte das Eichhörnchen geschmeichelt. „Es ist gar nicht schwer." Es stellte das Körbchen ab und sagte: „Paß auf!" Dann stellte es sich auf die Hinterbeine und begann sich im Kreise zu drehen.

Da hatte die Krähe auch schon das Körbchen gepackt, und ehe sich's das Eichhörnchen versah, war es seine Heidelbeeren los.

Und wieder flog die Krähe von einem Ort zum anderen, bis sie einen Hasen sah, der schwer an einem Sack zu schleppen hatte.

„Was hast du denn da in dem Sack?" fragte die Krähe.

„Moosbeeren", antwortete der Hase.

„Soll ich dir nicht helfen? Du siehst schon sehr müde aus."

„Vielen Dank, aber ich bin schon zu Hause."

„Man sagt, du sollst ausgezeichnet springen können", sagte da die Krähe. „Könntest du es mir nicht zeigen? Ich möchte nämlich auch gern springen lernen."

„Warum nicht", meinte der Hase geschmeichelt. „Ich bin der beste Springer weit und breit. Einen besseren Lehrmeister kannst du gar nicht finden. Nimm mir mal den Sack ab und schau gut zu!"

Die Krähe nahm ihm den Sack ab, flog damit auf, und der Hase hatte das Nachsehen.

„Spring nur schön!“ lachte sie ihn noch aus. „Ich lasse mir inzwischen deine Beeren schmecken!“

Dann flog die Krähe wieder zum Meer. Dort sah sie auf einem flachen Stein ein Walroß ruhen.

„Ach, ist das ein Fleischberg!“ staunte die Krähe. „Wenn ich so viel Fleisch hätte, wäre ich für lange Zeit versorgt.“ Aber wie sollte man einen solchen Koloß erlegen? Wie sie so hin und her überlegte, riß das Walroß sein Maul auf und gähnte. Und in dem Augenblick hatte die Krähe eine geniale Idee.

Sie spazierte vor das Walroß hin und sprach es an.

„Wenn ich dich so ansehe, scheint es mir doch übertrieben, wenn die Leute sagen, du hättest ein großes Maul.“

„Da irrst du dich aber“, entgegnete das Walroß beleidigt. „Ich habe wirklich ein schrecklich großes Maul, das allergrößte Maul überhaupt. Schau nur!“

Und es riß sein Maul auf, so weit es nur konnte. Da flog ihm die Krähe geschwind hinein und von dort in den Bauch und pickte und biß dort so lange, bis das Walroß tot war. Da flog sie wieder aus dem Bauch heraus und hüpfte vergnügt auf dem toten Tier auf und ab.

„Ich habe einen Riesenberg Fleisch!“ krächzte sie laut. „Und den esse ich ganz allein auf! Ach, wird das ein Schmaus!“

Und die Krähe machte sich über den Fleischberg her.

Sie schmauste einen Tag und hatte noch nicht genug.

Sie schmauste den zweiten Tag und hatte noch immer nicht genug.

Und als sie den dritten Tag schmauste, da begann sich langsam ihr Bauch aufzublähen. Mit jedem Bissen wurde er größer und größer.

„Wenn ich das ganze Walroß aufgegessen habe, bin ich der größte Vogel auf der ganzen Welt“, freute sich die Krähe. Kaum hatte sie das gesagt, gab es einen lauten Knall.

Und das war das Ende der gefräßigen Krähe. Sie war geplatzt.

DAS MÄDCHEN UND DER BÄR

Es war einmal ein junges Mädchen, das hatte keine Mutter mehr, nur noch den Vater.

Eines Tages kam ein Bär in die Hütte und verlangte von dem Vater die Tochter zur Frau.

Der Mann wurde wütend und jagte den Bären davon.

Einige Zeit später ging der Vater auf die Jagd, und das Mädchen blieb allein in der Hütte zurück.

Da kam der Bär wieder und schleppte das Mädchen in seine Höhle davon.

Das Mädchen war verzweifelt und hoffte, daß der Vater sie bald finden und befreien würde. Aber die Zeit verging, und kein Vater kam. Die Höhle war nämlich weit ab von dem Dorf und so versteckt, daß der Mann sie nicht hatte finden können.

Eines Nachts, als der Bär eingeschlafen war, stand das Mädchen leise auf und schlüpfte auf Zehenspitzen aus der Höhle. Die ganze Nacht und noch einen Tag ging sie und glaubte sich schon gerettet, da hörte sie hinter sich den Bären schnaufen. Wie von Sinnen begann sie zu rennen, bis sie endlich zu einer Blockhütte kam und dort anklopfte.

In der Tür erschien ein altes Mütterchen und lud sie freundlich ein: „Wenn du müde bist, so komm herein und ruh dich aus.“

Das Mädchen folgte der Alten in die Hütte.

„Ach bitte, verstecke mich", bat sie das Mütterchen. „Der Bär, mein Mann, ist hinter mir her."

„Du mußt dich umziehen", riet die Alte. „Du riechst nach Bär, und an dem Geruch wird er dich erkennen. Mach schnell, ich höre ihn schon."

Sie gab dem Mädchen andere Kleider, gab ihr zu essen und zu trinken und ließ sie dann zur Hintertür hinaus.

Das Mädchen ging die ganze Nacht und den ganzen Tag, bis sie hinter sich wieder den Bären schnaufen hörte.

Sie schaute sich nach einem Versteck um und fand wieder eine Hütte, zu der rannte sie hin und klopfte an. Ein altes Mütterchen öffnete ihr.

„Ach bitte, hilf mir, verstecke mich", bat das Mädchen. „Ich bin auf der Flucht vor meinem Mann, dem Bären, der mich verschleppt hat."

„Du mußt dich umziehen", erklärte die Alte. „Du riechst nach Bär, und an dem Geruch findet er leicht deine Spur."

Sie gab dem Mädchen andere Kleider, gab ihr zu essen und zu trinken und ließ sie zur Hintertür hinaus.

Und wieder ging das Mädchen die ganze Nacht und den ganzen Tag und glaubte sich schon gerettet, da hörte sie wieder hinter sich den Bären schnaufen. Sie rannte weiter, bis sie zu einer Hütte kam, und dort klopfte sie an.

Ein altes, runzliges Mütterchen öffnete ihr.

„Ach bitte, verstecke mich", bat das Mädchen. „Mein Mann ist hinter mir her, der böse Bär, der mich verschleppt hat."

„Du riechst nach Bär", sagte die Alte und reichte ihr andere Kleider. Dann gab sie ihr zu essen und zu trinken und ließ sie zur Hintertür hinaus.

Aber so oft sich das Mädchen auch umgezogen hatte, den Bärengeruch wurde sie nicht los, und so witterte der Bär von neuem ihre Spur. Auch diesmal ging sie den ganzen Tag und die ganze Nacht und kam am Morgen zu einem Fluß. Am Ufer stand eine Hütte, und vor der machte gerade ein alter Mann Feuerholz.

„Ach bitte, hilf mir", bat das Mädchen. „Ich bin auf der Flucht vor..."

„Ich weiß", unterbrach der Alte sie. „Mach schnell, er wird gleich hier sein."

„Er führte das Mädchen zum Fluß, wo ein Boot im Wasser lag.

„Steig ein und fahre stromabwärts", sagte er, und als sie eingestiegen war, stieß er das Boot vom Ufer ab.

Bald darauf kam der Bär zu der Hütte. Er ging ringsherum und schnupperte und witterte, aber diesmal konnte er die Spur seiner Frau nicht wieder aufnehmen. Der Fluß hatte den Bärengeruch davongetragen.

Das Mädchen war inzwischen mit dem Boot bis zu der Stelle gekommen, wo ihr Dorf lag. Sie kehrte zu ihrem Vater zurück und heiratete bald darauf einen jungen Jäger.

DIE KRÄHE UND DER LEMMING

Einmal hatte die Krähe lange gehungert. Tagelang war sie durch die Gegend geflogen, immer auf der Suche nach etwas Eßbarem. Aber alles war wie ausgestorben. Vor Hunger war sie schon so schwach, daß sie kaum noch fliegen konnte. Erschöpft setzte sie sich auf einen Felsen.

Da kam ein Wolf vorbeigelaufen mit einem Stück Fleisch in der Schauze, und unsere Krähe lebte gleich wieder auf.

„Ach, lieber Wolf, gib mir doch ein bißchen ab von dem Fleisch", bat sie. „Ich habe schrecklichen Hunger und kann nichts erbeuten."

„Ausgerechnet dir, wo du mir mit deinem Gekrächze immer das Wild verjagst!" knurrte der Wolf. „Nie und nimmer!"

„Wenigstens ein kleines Stückchen", bettelte die Krähe. „Ich komme um vor Hunger."

„Von mir aus kannst du verrecken, dann habe ich wenigstens meine Ruhe!"

„Damit du's weißt, von heut an werde ich noch viel lauter krächzen und dir alle Beute verscheuchen!" schimpfte die Krähe und flog auf ihr felsiges Plätzchen zurück.

Da kam der Fuchs vorbei und hatte auch einen großen Fleischbrocken in der Schnauze.

„Ach, lieber Fuchs, ich habe solchen Hunger, gib mir doch ein bißchen von dem Fleisch ab", bat die Krähe den Fuchs.

„Ich bin doch nicht auf den Kopf gefallen!" lautete die Antwort. „Ausgerechnet dir, wo du mir mit deinem Gekrächze immer das Wild verscheuchst."

„Wenigstens ein kleines Stückchen", bettelte die Krähe, „sonst komme ich vor Hunger um."

„Um dich wär's nicht schade", knurrte der Fuchs und ging seiner Wege.

„Was fange ich nur an?“ jammerte die Krähe.

Wie sie so traurig dasaß und nicht mehr aus noch ein wußte, hörte sie plötzlich ein Rascheln. Aus einem Loch unter dem Felsen kam ein Lemming gekrochen — so heißen die Wühlmäuse, die im hohen Norden zu Hause sind. Kaum war der Lemming ein Stück von seinem Loch weg, hüpfte die Krähe hinab und setzte sich genau vor den Eingang zu seiner Höhle.

„Na, komm mal her, mein Kleiner!“ rief sie dann. „Ich will mich mit dir ein bißchen unterhalten.“

„Worüber könnten wir beide uns schon unterhalten?“

„Na, zum Beispiel darüber, daß ich dich auffresse.“

Der Lemming erschrak und überlegte, wie er sich aus der Patsche helfen sollte. Weit würde er der Krähe nicht davonlaufen können, und der Rückzug in die sichere Höhle war ja versperrt. Aber zum Glück war unser kleiner Lemming ein kluges Köpfchen und hatte schnell Rat gefunden.

„Es wird mir wohl nichts anderes übrigbleiben“, sagte er. „Aber ehe du mich auffrißt, könntest du mir noch einen letzten Wunsch erfüllen.“

„Was für einen Wunsch?“

„Ich habe gehört, daß du wunderschön tanzen kannst. So sei doch so lieb und tanze mir etwas vor, ehe ich sterben muß.“

„Wenn du weiter nichts willst“, meinte die Krähe geschmeichelt und begann wild von einem Bein aufs andere zu springen und sich im Kreise zu drehen.

„Ach, ist das schön, ach ist das herrlich!“ tat der Lemming begeistert. „Mehr, tanze mehr!“

Und die Krähe plusterte sich noch mehr auf und drehte sich immer schneller, bis ihr schwindlig wurde und sie umfiel. Darauf hatte der Lemming nur gewartet. Wie ein Pfeil sauste er an der Krähe vorbei in sein Loch.

„Du tanzt wirklich wunderschön!“ spottete er aus seinem sicheren Versteck heraus. „Komm bei Gelegenheit wieder mal vorbei!“

Die Krähe krächzte wütend und flog davon.

DER MENSCH IST EBEN MENSCH

An der Stelle, wo sich der Fluß ins Meer ergoß, wuchs hohes Schilf. Die Frauen rissen es ab, trockneten es und flochten daraus Körbe und Matten und so manches andere mehr.

Einmal riß eine Frau einen Schilfhalm mitsamt der Wurzel aus und warf ihn weg.

‚Ein Glück, daß ich es überlebt habe', sagte sich der Halm. ‚Aber warum muß ich Schilf sein, daß jeder, dem es einfällt, abreißen und daraus irgend so einen Korb flechten kann. Ich könnte auch was Besseres sein.'

Er sah sich um und sah neben sich eine hohe Staude mit wunderschönen großen Blättern. ‚Die hat es gut, die kann sorglos wachsen soviel sie will, und niemand reißt sie ab und macht Körbe aus ihr!' dachte der Schilfhalm neidisch, und dann entfuhr es ihm: „Ach, könnte ich doch so eine Staude sein!"

Im gleichen Augenblick spürte er, wie er in die Breite wuchs, und ehe er sich's versah, da hatte er sich in genau so eine Staude verwandelt wie die, die neben ihm wuchs.

„Ach, bin ich aber schön!" freute sich die neue Staude über ihre Verwandlung.

Aber lange währte ihre Freude nicht. Frauen kamen mit Körben und gruben die Stauden aus. Die Wurzeln schnitten sie ab und taten sie in Körbe, und das Grün warfen sie weg.

Unsere Staude stand da und zitterte vor Angst. Als sie schon fast an der Reihe war, hörten die Frauen auf und gingen nach Hause. Die Staude atmete auf. Diesmal hatte sie noch Glück gehabt, aber wer weiß, was morgen war.

‚Ich bin genauso schlimm dran wie vorher. Kein bißchen hab ich mich verbessert!' sagte sie sich.

Sie schaute sich nach allen Seiten um, und da fiel ihr Blick auf ein unscheinbares Pflänzchen mit kleinen Beeren, das sich bescheiden am Boden krümmte.

„Sieh mal, wie die hier zufrieden wächst, und niemand beachtet sie. Ach, könnte ich doch auch so sein!" seufzte die Staude.

Da fühlte sie, wie sie kleiner und kleiner wurde, und ehe sie sich's versah, war sie ein hübsches kleines Pflänzchen mit Beeren dicht am Boden.

Doch wie groß war ihr Schreck, als am Morgen Kinder kamen und die Beeren pflückten. „Ach, ich Unglückliche!" jammerte die Pflanze. „Erwartet mich denn wirklich kein besseres Los?" Sie duckte sich noch mehr und zitterte vor Angst.

Zum Glück zogen die Kinder in anderer Richtung weiter.

‚Für dieses Mal haben sie mich verschont', überlegte die Pflanze. ‚Aber was wird morgen? Ach, könnte ich doch etwas anderes sein. Aber was?'

Da huschte plötzlich eine kleine Maus an ihr vorbei.

„Ja, so eine Maus möchte ich sein!" rief die Pflanze. „Die hat es gut! Die muß nicht an einer Stelle stehen, kann laufen, wohin sie will, und braucht nicht ständig um ihr Leben zu zittern!"

Kaum hatte sie das gesagt, da war sie auch schon eine Maus. Sie streckte sich und lief davon. Und sie lief und lief, ohne zu wissen, wohin, lief nur aus lauter Freude am Laufen. Sie traf eine andere Maus, und mit der spielte sie dann. Sie haschten sich und tollten umher, als plötzlich über ihnen ein dunkler Schatten auftauchte und steil herabstieß. Die Maus, die noch eben so begeistert gepriesen hatte, wie schön es sei, eine Maus zu sein, hörte ein grauenvolles Piepsen und sah, wie ein großer Vogel seine Krallen in ihre Spielgefährtin schlug und mit seiner Beute davonflog.

‚Ich muß mich schnell irgendwo verstecken, sonst holt er mich auch noch', fiel der Maus ein, als sie sich von ihrem Schrecken erholt hatte, und sie schlüpfte ins nächste Mauseloch. Dort saß sie zitternd, bis sie sicher war, daß keine Gefahr mehr drohte.

„Nein, eine Maus will ich auch nicht sein", sagte sie dann. „Da kommt so ein Vogel geflogen, und aus ist's mit der Maus." Sehnsüchtig starrte sie in den Himmel und wünschte sich Flügel. Ehe sie noch alles richtig bedacht hatte, da ging ihr Wunsch auch schon in Erfüllung. Sie verwandelte sich in einen Vogel, und die starken Flügel trugen sie in die Lüfte. Ach, war das ein herrliches Gefühl, in der Luft zu schweben und von oben auf die Welt herabzuschauen, über der Erde zu fliegen und über dem Wasser.

Der Vogel kostete das Fliegen so richtig aus. Mal glitt er im Gleitflug dahin, ohne die Flügel zu bewegen, mal stieß er im Sturzflug herab, um gleich darauf wieder hoch in den Himmel zu steigen.Er flog so lange, bis er müde war. Da setzte er sich auf einen Felsen und ruhte sich aus. Plötzlich schwirrte etwas ganz dicht an seinem Kopf vorbei.

Der Vogel flog auf und sah unten auf der Erde einen Menschen, der gerade den zweiten Pfeil auf ihn anlegte. Mit Müh und Not konnte er sich im letzten Augenblick retten.

„Da habe ich nun gedacht, es könne nichts besseres geben, als ein Vogel zu sein“, meinte er enttäuscht. „Aber wie ich sehe, ist auch ein Vogel seines Lebens nicht sicher. Es gibt noch jemanden, der mächtiger ist und stärker als er. Ach, könnte ich doch ein Mensch sein!“

Im gleichen Augenblick fühlte er sich groß und schwer werden. Er wollte auffliegen, aber das ging nicht. Statt der Flügel hatte er Arme und Beine und am ganzen Körper kein einziges Federchen. Ein nackter Mensch stand da und zitterte am ganzen Körper.

Er riß Gras aus und flocht daraus Kleider, die wärmten ihn wenigstens ein bißchen.

Er hatte Hunger und pflückte Beeren, die sättigten ihn ein wenig.

Aber bald meldete sich der Hunger wieder, und noch viel stärker. Und als die Sonne untergegangen war, da meldete sich auch die Kälte wieder.

Der Mensch sah das Rentier und wollte es fangen, aber das Rentier war schneller als er. Er warf ihm einen Stein nach, aber der tötete es nicht. Da machte sich der Mensch den Speer, und mit dem erlegte er dann das Rentier. Das Fleisch aß er und stillte damit seinen Hunger, und aus dem Fell nähte er sich Kleider und schützte sich so vor der Kälte.

Aber einmal zeigte sich das Rentier lange nicht, und der Mensch kam fast vor Hunger um. In seiner Not entdeckte er im Fluß den Fisch. Er fertigte sich eine Angel und fing ihn. Und dann entdeckte er auch den Fisch im Meer, baute sich ein Boot und eine Harpune und fuhr dem Fisch nach. Der Fisch aber stieß das Boot um, und der Mensch wäre fast ertrunken.

Er traf den Bären, und es kostete ihn alle Kraft, ihn zu überwinden.

Dann kam eisiger Frost, und der Mensch wäre fast erfroren. Da erfand er den Iglu, und der Frost konnte ihm nichts mehr anhaben.

„Es gibt keinen Tag, da mir nicht irgendeine Gefahr droht“, sagte der Mensch. „Nie bin ich mir meines Lebens sicher. Aber dennoch würde ich

nicht tauschen. Der Mensch ist mehr als das Schilf oder die Staude oder die kleine Pflanze mit den Beeren. Er ist mehr als die Maus oder der Vogel. Und wenn er es noch so schwer hat, er steht über allem. Der Mensch ist eben Mensch.“

DIE WÖLFIN UND IHRE SÖHNE

In einer Höhle lebten einmal eine Wölfin und ein Wolf. Im Frühjahr kamen dann zwei Junge hinzu. Die beiden Alten waren von früh bis spät unterwegs, um Futter für die hungrigen Mäuler heranzuschaffen.

Einmal, als sie weit von der Höhle entfernt eine Rentierherde verfolgten und ihr ganzes Augenmerk auf die Beute gerichtet war, tauchte plötzlich ein Jäger auf. Und da die Jäger bekanntlich das Wild nicht nur des Fleisches wegen erlegen, um genug zu essen zu haben, sondern auch dessen Fell zu schätzen wissen, schoß der Mann den Wolf tot. Die Wölfin konnte zwar entkommen, aber auch sie hatte ein Schuß ins Bein getroffen.

Lange lag sie in einem Versteck, bis sie sich wieder stark genug fühlte, um den Heimweg anzutreten. Sie kam allerdings nur langsam voran, weil sie den verletzten Fuß nachziehen mußte. Und außerdem hatte sie schrecklichen Hunger, so daß sie froh war, als sie unterwegs abgenagte Knochen fand. Womit sie die Jungen füttern sollte, daran durfte sie gar nicht denken.

Die kleinen Wölfe warteten unterdessen ungeduldig auf die Eltern, und der Hunger quälte sie immer mehr. Erst knurrten sie nur leise und winselten, aber dann heulten sie immer lauter.

Das hörte der Jäger, als er zufällig in die Nähe der Höhle kam. Er ging dem Heulen nach, doch als er den Wolfsbau gefunden hatte, versteckte er sich in der Nähe und beobachtete ihn von weitem, denn er war ein erfahrener Jäger. Erst als er überzeugt war, daß nur Wolfsjunge darin waren und kein alter Wolf sich sehen ließ, kroch er hinein und steckte die beiden kleinen Wölfe in einen Sack. Er nahm sie mit nach Hause, fütterte sie und überlegte, was er mit ihnen anstellen sollte. Töten und die Felle verkaufen? Viel würde er dafür nicht bekommen. Lieber wollte er sie zähmen und zur Jagd abrichten.

Inzwischen hatte sich die verletzte Wölfin nach Hause geschleppt und die Höhle leer gefunden. Sie lockte leise wie ein Windhauch, rief laut wie der Sturmwind — vergebens, niemand antwortete. Sie suchte die ganze Gegend ab, aber nirgends konnte sie eine Spur aufnehmen. Den Geruch des Jägers hatte der Wind längst verweht. Die alte Wölfin fand den Weg zu ihren Jungen nicht.

Der Jäger hatte also die kleinen Wölfe bei sich behalten. Er fütterte sie gut, pflegte sie und richtete sie ab. Die Wolfsjungen wuchsen und gediehen unter seiner Pflege. Sie gewöhnten sich schnell an ihren Herrn, der sie so gut behandelte, und hingen an ihm. Nur ganz tief im Unterbewußtsein schlummerte noch eine Erinnerung an die dunkle Höhle und an die Mutter, die sie mit ihrem Körper gewärmt hatte.

Monate vergingen, und eines Tages spannte der Jäger seine gezähmten Wölfe vor das Hundegespann und fuhr zur Jagd.

An diesem Tag war ihm das Jagdglück nicht hold, und er hätte wohl mit leeren Händen heimkehren müssen, hätten seine Wölfe nicht ein paar Rentiere gewittert. Der Mann erlegte zwei davon und lenkte das Gespann zufrieden heimwärts. Da hörte er plötzlich einen Wolf heulen, und ihm fiel ein, daß er gerade hier in der Nähe die beiden Wolfsjungen gefunden hatte. Er schaute sich um und sah in der Ferne einen großen Wolf. Der stand da mit erhobenem Kopf, starrte ihn und die beiden jungen Wölfe unverwandt an und heulte laut.

Es war die alte Wölfin, die ihre Söhne gefunden hatte und nun dem Schlitten nachlief und ihre Kinder rief. Der Jäger hob sein Gewehr und schoß in die Luft. Aber die Wölfin ließ sich nicht verjagen. Sie lief weiter dem Schlitten nach, wobei sie von Zeit zu Zeit stehenblieb und langgezogen heulte.

Die jungen Wölfe wurden unruhig. Sie drehten sich immer öfter nach der Wölfin um und verlangsamten ihren Lauf.

Der Jäger hob wieder die Büchse und schoß. Die Wölfin blieb im Schnee liegen.

„So, nun wirst du wohl Ruhe geben“, meinte der Jäger. „Wirst mir deine Jungen nicht weglocken.“ Er feuerte das Gespann an und gab den beiden Wölfen, die sich nicht von der Stelle rühren wollten, die Peitsche zu spüren.

Aber dennoch blieben die beiden den ganzen Weg über immer wieder stehen und blickten zurück.

„Heute muß ich euch einsperren und anbinden“, sagte der Mann, als sie zu Hause waren. Erst aber gab er ihnen tüchtig zu fressen. „Morgen habt ihr alles vergessen."

Wie groß aber war seine Überraschung, als er am Morgen statt seiner Wölfe ein Loch in der hölzernen Wand der Hütte fand.

Und als er dann hinausging, um sich nach den Ausreißern umzusehen und sie zurückzuholen, da lag vor der Tür die Wölfin, die er gestern totgeschossen hatte.

Hatten ihre Söhne sie ihm vor die Hütte gelegt?

KASHAK

Kashak war ein armer Waisenknabe. Er trieb sich im Dorf herum, niemand gab ihm zu essen, und niemand gab ihm ein Lager für die Nacht.

Bis eine Familie sich seiner erbarmte und ihm erlaubte, im Vorraum des Iglu zu schlafen, in jenem langen Schneetunnel, der den Frost abhalten soll und in dem auch die Hunde schliefen, damit sie draußen nicht erfroren.

Und zusammen mit den Hunden knabberte Kashak auch die Knochen ab. Nur ein Mädchen hatte Mitleid mit dem Jungen und steckte ihm hin und wieder etwas zu. Und sie schenkte ihm auch ein Messer, mit dem er die Knochen abschaben konnte.

Kashak wuchs nicht, er war schwach und klein, weil er ja nie genug zu essen hatte. Alle schrien ihn nur an und stießen ihn herum.

So viel Kummer und Not konnte selbst Angak, der Mann im Mond, nicht mehr mit ansehen. Immer, wenn Vollmond ist, schaut nämlich Angak mit seinem breiten Gesicht von oben herab, was sich auf der Erde so tut. Und so entging ihm auch das traurige Dasein des armen Kashak nicht, und er beschloß, ihm zu helfen. Eines Tages stieg er zur Erde hinab, fing sich Hunde ein, spannte sie vor den Schlitten und befahl dem Jungen aufzusitzen. Kashak fürchtete sich, aber noch mehr fürchtete er sich, nicht zu gehorchen.

Als sie zu einer Stelle kamen, wo große Steinblöcke lagen, hielt Angak das Gespann an.

„Kashak, steig ab!"

Der Junge meinte, daß der Fremde ihn nur quälen wolle, und zögerte.

„Komm, steig ab!“ forderte ihn der Mann nochmals auf.

„Wirst du mich auch nicht schlagen?“

„Nein, du brauchst keine Angst zu haben.“

Da sprang Kashak vom Schlitten, und der Mann führte ihn zu den Steinblöcken und befahl ihm, sich auf einen zu legen und zu tun, als ob er rudere.

Der Junge zitterte vor Angst, tat aber, was man von ihm verlangte.

Dann fing Angak drei Mondstrahlen ein, sponn sie zu einem silbernen Faden, und den wickelte er um den Jungen.

„Bist du jetzt stärker?“ fragte er.

„Ein bißchen stärker fühle ich mich schon“, antwortete Kashak.

„Versuche diesen Steinblock aufzuheben“, forderte ihn der Mann im Mond auf.

Aber so stark, daß er den Stein hätte heben können, war Kashak noch nicht.

Da wickelte Angak einen Faden aus sechs Mondstrahlen um den Jungen und fragte: „Bist du jetzt stärker?“

„Ich glaube schon.“

„So heb den Stein auf!“

Kashak konnte den Stein zwar ein Stückchen verrücken, aber so stark, daß er ihn hätte aufheben können, war er immer noch nicht.

Nun wickelte Angak einen Faden aus neun Mondstrahlen um den Jungen.

„Bist du stärker?“ fragte er.

„Ja, jetzt bin ich stark“, antwortete der Junge, packte den Steinblock und hob ihn in die Höhe, so leicht, als sei es nur ein Kieselstein.

„Gut“, sagte der Mann im Mond und brachte Kashak ins Dorf zurück. „Morgen schicke ich dir drei Bären, und du wirst den Leuten zeigen, wie stark du bist.“

Dann setzte er sich in den Schlitten und fuhr auf den Mond zurück.

Am nächsten Tag kamen drei riesige Bären ins Dorf. Ihr Brüllen jagte allen Angst und Schrecken ein. Selbst die mutigsten Männer rissen vor den Bären aus.

Nur Kashak stellte sich ihnen in den Weg.

„Kashak ist verrückt geworden!“ schrien die Leute. „Die Bären werden ihn zerreißen!“

Der Junge, der über Nacht zu einem stattlichen Jüngling geworden war, umschlang den ersten Bären mit solcher Kraft, daß ihm die Knochen im Leibe krachten. Als das die anderen beiden Bären sahen, suchten sie schleunigst ihr Heil in der Flucht.

Kashak führte seinen Bären durchs Dorf und rief: „Alle, die mich mißhandelt haben, wird mein Bär zerreißen!"

Da flohen die bösen Menschen aus dem Dorf und kamen nie wieder. Nur die guten blieben zurück. Darunter auch das Mädchen, das Kashak das Messer geschenkt hatte. Und dieses Mädchen nahm Kashak zur Frau.

DIE ROBBE

Ein alter Jäger lebte allein mit seinem Sohn, weil seine Frau gestorben war. Der Sohn war noch mehr Knabe denn Mann und spielte am liebsten am nahen Fluß. Der Vater sah das nicht gern, denn er hätte dem Jungen viel lieber rechtzeitig alles beigebracht, was ein richtiger Jäger können muß.

Aber da war noch etwas, woran der Jäger nicht gern dachte, was ihn aber sehr bedrückte. Es war vor Jahren gewesen, damals, als die Rentierherden auf ihren Streifzügen einen großen Bogen um die Gegend gemacht hatten und auch die Fische abgewandert waren, so daß im Dorf bittere Not geherrscht hatte. Damals hatte es den Jäger bis zum Meer verschlagen, und dort hatte er auf dem Strand einen großen Fisch gefunden, der nur auf ihn zu warten schien. Der Mann hatte sich riesig über den Fund gefreut, aber als er ihn aufheben wollte, da hörte er hinter sich eine Stimme: „Wirst du wohl die Hände lassen von dem, was dir nicht gehört! Ich habe deine Ehrlichkeit auf die Probe gestellt, und du hast nicht bestanden. Hüte dich vor dem Wasser, denn andernfalls wirst du es bitter bereuen!“

Bei den Worten war dem Jäger ein Schauer über den Rücken gelaufen. Er hatte nicht einmal gewagt, sich umzudrehen, um zu sehen, welcher der mächtigen Geister ihm so zürnte. Wie von Sinnen war er davongelaufen.

Nun kam ihm jedesmal, wenn es den Sohn mehr zum Fluß als zur Jagd zog, jene Begebenheit in den Sinn. Aber er verschloß seinen Kummer und seine Angst tief in seinem Herzen und vertraute sich niemandem an.

„Ich bin nicht mehr der Jüngste, wenn ich plötzlich sterben sollte, wirst du verhungern“, redete er dem Sohn zu.

Aber der schien überhaupt nichts von seinem Vater geerbt zu haben. Die Waffen interessierten ihn nicht, die Jagd war ihm ein Greuel, und er hatte bisher noch kein einziges Rentier erlegt. Nur zum Wasser zog es ihn. Dort konnte er stundenlang sitzen, mochte der Vater reden, soviel er wollte.

„Vater, fahr mit mir aufs Meer!“ bat er eines Tages.

„Das Meer ist weit“, versetzte der Vater.

„Aber nicht so weit, daß wir nicht hinfahren könnten.“

„Was geht uns das Meer an? Was haben wir dort verloren? Unsere Heimat ist hier. Hier, wo die Rentierherden ziehen.“

Nach einiger Zeit aber bat der Sohn wieder: „Vater, fahr mit mir zum Meer!“

Wieder wandte der alte Jäger ein, daß das Meer weit sei und ihre Heimat hier.

Aber als der Sohn ein drittes Mal bat und der alte Jäger sah, wie er sehnsüchtig dem Fluß nachschaute auf dessen Weg zum Meer, da gab er schließlich nach. Er baute ein Boot, und eines Tages fuhren sie los.

An einem sonnigen Morgen kamen sie an jener Stelle an, wo sich der Fluß ins Meer ergießt.

Der Sohn war mit einem Schlag wie ausgewechselt. Er nahm dem Vater das Paddel aus der Hand und paddelte zu einer nahen Insel hin. Während der Vater dort das Boot festmachte, kletterte er auf eine Klippe, von wo er dann wie gebannt ins Wasser starrte. Auf einmal ertönte ein Brausen. Der Junge schrie auf und stürzte sich hinab. Als der Vater sich von seinem Schreck erholt hatte, da sah er an der Stelle, wo über seinem Sohn das Wasser zusammengeschlagen war, einen Robbenkopf.

Er setzte sich auf einen Stein im Wasser und wartete. Aber weder der Sohn noch die Robbe ließen sich wieder sehen.

Der alte Jäger wußte, daß sich der Fluch erfüllt hatte. Traurig kehrte er nach Hause zurück und machte sich bittere Vorwürfe, so leichtfertig dem Drängen des Sohnes nachgegeben zu haben. Kummer und Leid nagten an seinem Herzen, und das einzige, was ihn noch am Leben hielt, war der Gedanke, wie er den Fluch des mächtigen Geistes brechen könne.

Genau ein Jahr danach, auf den Tag genau, da er den Sohn verloren, fing er einen Fisch, stieg in sein Boot und fuhr zu der Insel im Meer.

Er setzte sich wie damals auf den Stein, hielt den Fisch in der Hand und wartete. Es dauerte nicht lange, da steckte eine Robbe ihren Kopf aus dem Wasser. Der Mann warf ihr den Fisch zu, und die Robbe fing ihn auf. Dann verschwand sie wieder in der Tiefe und tauchte nicht wieder auf.

Der Vater fuhr nach Hause und trauerte weiter um seinen Sohn.

Nach einem Jahr, am gleichen Tag, stieg der alte Jäger wieder in sein Boot und fuhr zu der Insel. Und wieder saß er, einen Fisch in der Hand, auf dem Stein und wartete. Nach einiger Zeit kam eine Robbe zu dem Stein geschwommen. Der Mann warf der Robbe den Fisch hin, und die fing ihn auf und verschwand wieder in der Tiefe. Lange wartete der Jäger, aber die Robbe tauchte nicht wieder auf. Da band er schließlich sein Boot los und fuhr nach Hause.

Auch im dritten Jahr fing der Alte einen Fisch und paddelte stromabwärts zum Meer. Wieder setzte er sich auf den alten Platz und wartete geduldig auf die Robbe. Und als die endlich ihren Kopf aus dem Wasser steckte, warf er ihr den Fisch zu. Die Robbe verschlang den Fisch und schwamm zum Boot. Sie zog sich mit ihren Flossen am Bootsrand hoch und bat mit menschlicher Stimme: „Hilf mir, Vater!“

Der alte Jäger ergriff die Robbe an den Flossen und zog sie ins Boot, wo sie sich im gleichen Augenblick wieder in den jungen Mann verwandelte.

Glücklich kehrte der Vater mit seinem Sohn heim.

Seine Liebe und Geduld hatten den Sohn den bösen Mächten entrissen. Jetzt brauchten sie das Wasser nicht mehr zu fürchten. Aber beide, Vater wie Sohn, hüteten sich ihr Leben lang davor, Robben zu jagen.

DER RIESE

Es war einmal eine Frau, die wünschte sich nichts sehnlicher als einen Sohn, der zum größten und stärksten Mann im ganzen Dorf heranwachsen würde.

Und ihr Wunsch ging in Erfüllung. Von Geburt an wuchs ihr Söhnlein schneller als alle anderen Kinder. Mit zwei Jahren war er so groß wie ein Zehnjähriger und mit zehn größer als ein erwachsener Mann. Und er wuchs immer weiter. Er war schon so groß, daß man meinen konnte, er wolle mit seinen Schultern die Wolken stützen. Wenn die Mutter ihm den Kopf streicheln wollte, mußte er sich hinlegen. So ein Riesenkerl war er. Und deshalb nannten ihn auch alle Riese.

Der Riese war nicht nur groß, sondern auch stark. Wenn im Frühjahr die Eisschollen auf dem Meer schwammen, vertrieb er sich die Zeit damit, sich am Strand auszustrecken, nach den Schollen zu greifen und sie weit hinaus zu schleudern, so daß das Meer hohe Wellen schlug wie bei starkem Sturm.

Die Menschen fürchteten ihn, obwohl er noch nie jemandem etwas zuleide getan hatte. Aber er brauchte nur ein wenig stärker Luft zu holen oder aus Langeweile zu gähnen, und es war, als ob ein Sturm durchs Dorf brause: Die Robbenfelle wurden von den Hütten gewedelt, und die Kinder fielen um, als hätte ihnen jemand ein Bein gestellt.

„Mit dem Riesen muß was geschehen", sagten die Leute und überlegten, wie sie ihn loswerden könnten. Aber wie sollten sie ihm beikommen, wo er doch stärker war als alle Männer im Dorf zusammen?

Bis einer auf die Idee kam, den Riesen im Schlaf zu fesseln und ihn dann seinem Schicksal zu überlassen. „Wenn er sich nicht bewegen kann, kann er auch nichts essen und muß verhungern", erklärte er.

Der Einfall fand allseitige Zustimmung. Und so nahmen die Männer, als

der Riese eingeschlafen war, feste Riemen und fesselten ihn, so gut sie es konnten. Sie brauchten nicht zu befürchten, daß er munter wird, ehe sie ihr Werk vollbracht haben würden, denn der Riese hatte einen außerordentlich festen Schlaf.

Und dann warteten alle gespannt darauf, was der Riese anfangen würde, wenn er aufwachte.

Der Riese gähnte einmal, gähnte zweimal, drehte sich auf die eine Seite und dann auf die andere. Er wollte sich die Augen reiben, aber er konnte keinen Finger rühren, so fest hatten sie ihn zusammengeschnürt. Er brummte etwas und gähnte noch einmal. Dann holte er tief Luft, schüttelte sich — und die Riemen platzten, als wären sie nicht aus Leder, sondern aus Papier.

Als die Leute das sahen, verkrochen sie sich in ihren Hütten und versteckten sich in ihren Fellen.

‚Jetzt wird der Riese sich rächen!' sagten sie sich und zitterten vor Angst.

Der Riese setzte sich auf und schüttelte die restlichen Riemen ab. Er lachte laut und schaute auf das stille Dorf, das wie leergefegt dalag.

„Hallo, ihr da!" donnerte er. „Hört ihr? Kommt heraus!"

Aber niemand wagte auch nur die Nase herauszustecken.

„Wenn ihr mutig genug wart, mich zu fesseln, so habt auch den Mut herauszukommen!"

Alle hatten wohl gehört, aber nicht einmal eine Maus ließ sich blicken.

„Da muß ich euch wohl auf die Beine helfen!" lachte der Riese, holte tief Luft und blies die Felle von den Dächern.

„Verschone uns! Verschone unsere Kinder!" riefen die Leute.

„Wenn ihr mich in Ruhe laßt, lasse ich euch auch in Ruhe!" erklärte der Riese, drehte sich um und ging seiner Wege.

Seit der Zeit lebten der Riese und das Dorf in Frieden.

Einmal geschah es, daß in der Nähe zwei Wale auftauchten. Alle Männer sprangen in ihre Boote und setzten ihnen nach. Schon lange hatten sie keine so riesigen Exemplare mehr gesehen.

Und dann begann ein wilder Kampf. Die Fischer warfen eine Harpune nach der anderen, aber die Wale verteidigten sich tapfer: Von zwei Booten schwammen schon die Trümmer auf dem Wasser, und die Insassen konnten sich nur mit Müh und Not in die anderen Boote retten.

Die Fischer mußten einsehen, daß sie sich einen zu großen Bissen vorgenommen hatten. Für beide Wale waren ihre Kräfte zu schwach. Aber wenn sie wenigstens einen erlegen könnten! Das ganze Dorf könnte davon lange Zeit leben. So viel Fleisch, Knochen und Haut! Aber einen Wal fangen, das ist nicht so einfach. Das verlangt nicht nur ein scharfes Auge und einen starken Arm, um die Harpune richtig zu schleudern, man muß auch ständig aufpassen, daß der Wal das Boot nicht umstürzt oder gar mit seiner starken Schwanzflosse zerschmettert.

Unser Riese lag unterdessen am Strand, schaute abwechselnd in den Himmel und döste vor sich hin. Bis er auf einmal Geschrei hörte. Was ist denn da schon wieder los? Es ließ ihm keine Ruhe. Er rieb sich die Augen und schaute sich um. Und was sah er da? Auf dem Meer kämpften die Fischer verzweifelt mit zwei Walen, von denen der eine gerade davonschwamm.

Der Riese setzte sich auf und schaute eine Weile neugierig dem Treiben zu. „Aber Männer, so wird das nie was!“ brummte er unzufrieden, als er sah, wie sich die Fischer abmühten. „Gleich wird euch auch noch der zweite entkommen!“ Der Riese konnte nicht länger untätig zusehen. Er beugte sich über das Meer, streckte den Arm aus und zog mit einem einzigen Griff den Wal aus dem Wasser. „Hier habt ihr ihn“, sagte er dann zu den staunenden Fischern und legte den Fleischberg auf den Strand.

Und dann legte er sich ein Stück weiter wieder hin. Kaum war er eingeschlafen, weckte ihn erneut Geschrei. Plötzlich waren zwei Bären aufgetaucht und beschnupperten ihn. Und die Leute, die das sahen, schlugen Lärm. „Riese, Riese!“ schrien sie. „Paß auf, zwei Bären!“

„Was für Bären?“ brummte der Riese verschlafen.

„Dort, dort, an deinem Fuß!“

„Meint ihr die beiden kleinen Tierchen?“ lachte der Riese, hob mit jeder Hand einen Bären am Genick hoch und schleuderte sie weit ins Meer hinaus.

„So, und nun möchte ich endlich ein bißchen schlafen“, gähnte er dann.

„Iß erst mit uns“, luden ihn die Leute ein. „Wir haben für dich die besten Stücke von dem Wal zubereitet.“

„Warum nicht“, meinte der Riese. „Ich bin inzwischen wirklich hungrig geworden.“

„Du bist groß und stark“, sagten die Leute. „In deiner Nähe sind wir sicher. Wie dumm waren wir doch, als wir dich loswerden wollten! Mit dir geht es uns gut.“

Und so lebten der Riese und die Menschen in Eintracht und Frieden zusammen.

DIE BRÜDER UND DIE BÄRIN

Sechs Tage lang war Alutek am frühen Morgen zur Jagd ausgezogen und immer am späten Abend mit leeren Händen heimgekehrt.

Am siebenten Tag schien er mehr Glück zu haben und spürte ein Rentier auf. Aber als er sich endlich nahe genug herangepirscht hatte, da brach plötzlich eine Bärin aus dem Dickicht und bemächtigte sich der sicheren Beute.

Alutek vertrat ihr den Weg.

„Gib es mir!“ verlangte er. „Sechs Tage lang jage ich vergeblich, und da ich endlich ein Rentier aufgespürt habe, kommst du und nimmst es mir weg.“

„Auch ich jage schon sechs Tage lang ohne Erfolg, und jetzt, da ich endlich etwas erbeutet habe, erscheinst du und sagst — her damit!“

„Ich habe zu Hause Frau und zwei Söhne, die nichts zu essen haben.“

„Und auf mich warten zwei hungrige Junge“, erwiderte die Bärin.

So stritten sie eine ganze Weile, wem das Ren gehöre, und konnten sich nicht einig werden. Der Streit wurde immer erbitterter, bis er schließlich zum Kampf ausartete und Alutek die Bärin mit seinem Speer durchbohrte.

‚Was will ich noch mehr!‘ freute sich der Jäger. ‚Ich habe nicht nur das Ren, sondern auch die Bärin noch obendrein.‘ Mit reicher Beute kehrte er diesmal heim. Nun hatten sie Fleisch in Hülle und Fülle und konnten sich zur Genüge satt essen. Aus dem Rentierfell nähte die Frau dem jüngsten Sohn eine Hose, und das Bärenfell hängte sie über das Zelt.

Die Zeit verging, und das Erlebnis mit der Bärin war längst in Vergessenheit geraten. Alutek war mit seinem Leben zufrieden: er konnte sich nicht über mangelndes Jagdglück beklagen, und an seinen Söhnen hatte er auch viel Freude.

Einmal, als der Jäger mit dem älteren Sohn auf der Jagd war und die Mutter sich draußen zu schaffen machte, nahm der jüngere Sohn das Bärenfell ab und spielte damit. Dabei kam er auf die Idee, die Mutter zu erschrecken. Er zog sich das Fell über und kroch auf allen vieren zum Ausgang. Indem spürte er sich von starken Pranken gepackt, und heißer Atem schlug ihm ins Gesicht. Vor Schreck verlor er das Bewußtsein.

Die Mutter hörte Lärm, schaute von ihrer Arbeit auf und sah vor dem Zelt eine stattliche Bärin, die ihren Sohn davonschleppte. Sie warf sich dem Tier in den Weg, aber das stieß sie zur Seite und verschwand mit seiner Beute in der Tundra.

Die Bärin schaffte den Jungen in ihre alte Höhle. Die war leer und verlassen, denn die beiden Bärenjungen waren damals, als ihre Mutter nicht heimgekehrt war, weggezogen, und wer weiß, ob sie nicht umgekommen waren.

Der Geist der Mutter aber lebte weiter. Und es hatte genügt, daß Aluteks Sohn ihren Pelz anzog, um die Bärin wieder gegenwärtig werden zu lassen.

Die Zeit verging, und die Bärin lebte mit dem Jungen zusammen, als sei es ihr eigener Sohn. Der fürchtete sich zwar zuerst vor ihr, aber als er sah, daß sie ihm nichts tat, gewöhnte er sich an sie und fand sich mit seinem Schicksal ab.

Wer sich aber nicht abfinden und nicht gewöhnen konnte, das war Aluteks älterer Sohn. Je länger, desto mehr verzehrte er sich vor Sehnsucht nach dem Bruder, und er schwor sich, ihn zu finden und mit der Bärin abzurechnen. Sobald er aber vor den Eltern davon anfing, stieß er auf Widerstand. Auch sie hatten den Verlust des jüngeren Sohnes nicht verwunden, aber der Gedanke, sie könnten auch noch den zweiten verlieren, war für sie unerträglich.

Und so sprach der ältere Sohn nie mehr von seinem Vorhaben, auch wenn er es nicht vergessen hatte. Im Gegenteil, er begann sich gründlich vorzubereiten auf das, was er sich vorgenommen hatte. Er wußte, daß es nicht einfach sein würde, die Bärin zu besiegen, daß dies große Kraft und Geschicklichkeit verlangte — und er war noch jung und verfügte weder über das eine noch über das andere in ausreichendem Maße. Deshalb übte er sich fleißig in der Jagd. Er wollte ein noch besserer Jäger werden als sein Vater.

Und als er sich schließlich stark und erfahren genug fühlte und nicht mehr Knabe, sondern Mann geworden war, da verschwand er eines Tages heimlich aus dem Dorf und ging seinen Bruder suchen. Außer Essen und Waffen nahm er nur eines noch mit auf den Weg — einen Schuh des Bruders. Er kannte den Ort nicht, wo der Vater damals mit der Bärin zusammengestoßen war, weil der Vater nie hatte davon sprechen wollen. Aber er glaubte fest daran, daß der Schuh ihm schon den Weg weisen würde.

Er ging immer der Nase nach, und jedesmal, wenn er nicht wußte, nach welcher Seite er sich wenden sollte, warf er den Schuh vor sich, und wohin dessen Spitze zeigte, in die Richtung ging er.

Nach einiger Zeit kam er zu einem See, an dessen Ufer er auf große Bärenspuren stieß. Und neben den Bärenspuren entdeckte er die Abdrücke eines Menschenfußes. „Hierher kommt die Bärin zur Tränke!" entfuhr es ihm. „Hierher kommt auch mein Bruder trinken!" Er fühlte sein Herz schneller schlagen. Er labte sich mit Wasser aus dem See und ging dann den Spuren nach. Bald stand er vor einer Höhle. Er warf den Schuh auf die Erde. Einmal, zweimal, dreimal. Jedesmal zeigte die Spitze zum Eingang der Höhle hin. Da wußte er, daß er am Ziel war.

„Hallo, Bärin, komm raus!" rief er laut.

Ein wütendes Brummen ertönte, und im nächsten Augenblick kam die Bärin heraus und richtete sich brüllend auf den Hinterbeinen auf.

Aluteks älteren Sohn konnte sie damit nicht schrecken. „Gib meinen Bruder heraus!" verlangte er.

Statt einer Antwort stürzte sich die Bärin auf ihn. Der Jüngling sprang geschickt zur Seite und warf schnell den Schuh des Bruders vor sie hin. Die Bärin fiel über den Schuh her, und im gleichen Augenblick durchbohrte er sie mit dem Speer.

Er zog sein Messer und schnitt ihr die Leber heraus. Bärenleber ist nämlich ein großer Leckerbissen, und auch ein sehr seltener, denn ein guter Jäger im Norden erlegt in seinem ganzen Leben selten mehr als drei Bären. Deshalb teilt er diesen Leckerbissen stets mit dem, der ihm am nächsten steht, wen er über alles achtet und wen er liebt. Es ist eine Auszeichnung, ein Ausdruck ganz besonderer Zuneigung.

Der Bärentöter schnitt also die Leber in der Mitte durch; die eine Hälfte aß er selbst, und die andere reichte er dem Bruder, der inzwischen aus der Höhle gekommen war. Der aber wies die seltene Gabe zurück. Er hätte keinen Bissen davon herunterbringen können — nicht nur, weil er die unerwartete Befreiung noch immer nicht richtig fassen konnte, sondern auch, weil er sich in der langen Zeit an die Bärin gewöhnt hatte und es ihm leid war um sie.

Der ältere Bruder aber war froh und glücklich, daß die Bärin tot war und er seinen Bruder wiedergefunden hatte.

DIE ZWERGE

Einst erzählte man sich, daß in der Tundra auch Zwerge lebten. Zumindest brüsteten sich alte Jäger damit, auf ihren Jagdzügen hin und wieder welche gesehen zu haben. Aber mehr auch nicht. Keinem war es je gelungen, näher an sie heranzukommen oder gar ein Wort mit ihnen zu wechseln, so scheu und ängstlich waren sie. Sobald sie einen Menschen erspähten, verkrochen sie sich in ihren unterirdischen Höhlen. Einige Männer behaupteten, daß sie Pfeil und Bogen mit sich trügen, andere wieder bestritten das und behaupteten, die Zwerge würden sich nur von Wurzeln ernähren. Und es gab auch welche, die wollten die kleinen Männlein fliegen und zum Himmel aufsteigen gesehen haben.

Aber schon lange hatten sich keine Zwerge mehr sehen lassen, nur winzige Fußstapfen hatte man hin und wieder im Schnee gefunden. Aber niemand wußte genau, ob das überhaupt Spuren von Zwergen waren.

Einmal kam der alte Pekmalik aus seinem Zelt und ging zum Fluß, wo er in einem Eisloch einige Angeln hängen hatte. Vielleicht hatte inzwischen etwas angebissen. Wie er so das steile Ufer hinabkletterte, da sah er weit oben auf dem vereisten Fluß drei Punkte, die sich bewegten und im Näherkommen langsam Gestalt annahmen und sich schließlich als drei winzige Leutchen entpuppten.

Pekmalik starrte sie ungläubig an, rieb sich die Augen und rannte ins Dorf zurück, wobei er aus Leibeskräften schrie: „Zwerge! Kommt schnell herbei! Seht euch das an! Dort sind Zwerge!“

Im Nu war das ganze Dorf am Ufer zusammengelaufen. Wirklich, über den Fluß kamen drei Menschlein heran. Sie reichten den Eskimos bis zum Knie. Es waren Mann und Frau mit einem Kind. Die Kleidung des Mannes war aus Fuchspelz, die der Frau aus Rentierfell, und das Kind trug ein Kleid aus Hasenpelz. Der Mann zog einen großen, vollbeladenen Schlitten hinter sich her, und die Frau trug das Kind auf dem Rücken. So kamen sie bis zu der Stelle, wo sich das ganze Dorf versammelt hatte. Die Eskimos sahen staunend zu, wie der Zwerg den Schlitten aufhob, der mindestens zweimal so groß war wie er selbst, und ihn das steile Ufer hinauftrug wie ein Spielzeug. Nie hätten sie dem kleinen Männlein solche Kraft zugetraut.

Die Zwergenfamilie ließ sich neben dem Eskimodorf nieder, als sei das eine Selbstverständlichkeit. Das Männlein baute aus Fischgräten ein Zeltgerüst und spannte ein Robbenfell darüber. Das deckte er mit einer Schicht Moos ab, und obenauf kam dann noch einmal ein Robbenfell. Als er damit fertig war, baute er vor dem Eingang noch einen Schneetunnel, damit der Frost nicht ins Zelt konnte.

Die Männer aus dem Dorf schauten ihm neugierig zu und sagten anerkennend: „Wie geschickt er sich anstellt, und wie ihm die Arbeit von der Hand geht! Wir hätten es ganz bestimmt auch nicht besser gemacht.“

Die Menschen gewöhnten sich an die Zwerge und nahmen sie unter sich auf. Bald stellte sich heraus, daß sich die Frau des Zwergs auf Heilkünste verstand. Und das kam so:

Der alte Pekmalik kam eines Tages nicht mehr auf die Beine. Sobald er aufstehen wollte, ließ er sich mit einem Schmerzensschrei wieder auf sein Lager zurückfallen. Er rief den Schamanen, und der machte sich sogleich daran, die bösen Geister auszutreiben. Eine ganze Woche tanzte er, Zaubersprüche murmelnd, um den Kranken herum, aber Pekmalik ging es immer schlechter.

Da erschien plötzlich die Zwergenfrau im Zelt und erbot sich zu helfen. Sie tat verschiedene Kräuter und Wurzeln in den Kessel, kochte sie und rieb dann die Beine des alten Jägers mit dem Sud ein. Am zweiten Tag wiederholte sie dies, und als sie am dritten Tag wiederkam, waren die Schmerzen wie weggeblasen und Pekmalik stand auf und war gesund.

Das hatte sich natürlich schnell im Dorf herumgesprochen, und von jenem Tag an wandten sich die Leute, wenn jemand erkrankte, vertrauensvoll an die Zwergenfrau. Sie wußte immer Rat und fand auch immer das richtige Heilkraut gegen die Krankheit.

Das ganze Dorf war froh, so gute Nachbarn gefunden zu haben.

Alle bis auf einen. Und das war der alte Schamane. Der konnte und wollte sich nicht damit abfinden, daß jemand, und noch dazu eine Zwergenfrau, besser alle Krankheiten zu heilen verstand als er. Haß und Neid fraßen an seinem Herzen, und er überlegte Tag und Nacht, wie er die Zwerge aus dem Dorf vertreiben könne. Und eines Tages, als er die Kinder mit dem Zwergenkind spielen sah, faßte er einen bösen Plan. Er mußte nur die günstige Gelegenheit abwarten.

Und die Gelegenheit fand sich bald.

Es war an einem Sommertag, und das Dorf war fast menschenleer. Die Männer waren auf der Jagd und die Frauen mit den größeren Kindern am Fluß, um Weidengerten zu schneiden. Nur einige alte Frauen waren da, und die Kleinsten spielten zwischen den Zelten, unter ihnen auch das Zwergenkind.

Der Schamane jauchzte innerlich. Endlich war seine Stunde gekommen! Er lockte das Zwergenkind zu sich und hetzte dann seinen Hund auf ihn.

Das von dem Hund schlimm zugerichtete Kind trug der Schamane heuchlerisch zu der Zwergenfrau und machte ihr noch Vorwürfe, nicht besser auf ihr Kind aufgepaßt zu haben.

Diesmal konnten die Heilkräuter der Zwergin nicht mehr helfen. Am vierten Tag starb der Kleine.

Vier Tage lang beweinten die Zwergeneltern ihr Kind. Dann begruben sie es und gaben ihm all sein Spielzeug mit ins Grab.

Und dann begann der Zwerg ein Boot zu bauen. Als er nach vier Tagen damit fertig war, schafften er und seine Frau all ihr Hab und Gut auf das Boot und fuhren ohne Abschied gen Norden. Und sie wurden nie wieder gesehen.

Die Freude des ehrgeizigen Schamanen aber währte nicht lange. Er bekam eine böse Krankheit, wurde von Tag zu Tag immer schwächer, bis er schließlich starb. Selbst konnte er sich ja nicht helfen, und die Zwerge, die ihm hätten helfen können, waren auf Nimmerwiedersehen verschwunden.

DER DANK DES BÄREN

Der Jäger Itkilik fand einmal ein verlassenes Bärenjunges. Er nahm es mit nach Hause und zog es auf, denn draußen wäre es sicher verhungert oder erfroren. Als das Bärchen zu einem Bären herangewachsen war, führte er es wieder an jene Stelle, wo er es damals gefunden hatte.

„Du bist groß genug", sagte er zu ihm. „Jetzt kannst du dich allein durchbringen." Er ließ ihn frei und ging heimwärts.

Der Bär stand lange an der Stelle und schaute sich unschlüssig um, als wüßte er nicht, was er tun sollte. Schließlich lief er hinter Itkilik her und ließ sich auch nicht vertreiben.

„Ich kann kaum meine Familie und meine Hunde ernähren, geschweige denn dich großen Kerl", redete ihm der Jäger ins Gewissen.

Und der Bär? Ob der das wohl verstanden hatte?

Wer weiß — jedenfalls trabte er neben dem Jäger nach Hause und ließ sich wieder in dem Anbau bei den Hunden nieder, mit denen er aufgewachsen war. Aber von Stund an rührte er keinen Dörrfisch und keinen Bissen mehr an, die für die Hunde bestimmt waren.

Und wie groß war Itkiliks Überraschung, als der Bär eines Tages ein Rentier anschleppte und es vor dem Zelteingang niederlegte.

Von der Zeit an war alles wie umgewandelt. Zum ersten Mal lebte die Familie im Überfluß. Der Bär sorgte dafür, daß die Vorräte nie ausgingen, und der Jäger konnte ruhig die Hände in den Schoß legen. Das war der Dank des Bären dafür, daß Itkilik ihm damals das Leben gerettet hatte.

Itkilik war nicht geizig und gab auch seinen Nachbarn ab oder lud sie zu einem reichen Mahl ein. Aber den Menschen kann man nichts recht machen. Mit der Zeit wurden sie neidisch und schmiedeten Ränke. Um so mehr, als auch der Schamane, der Itkilik nicht mochte, sie aufstachelte.

„Der Bär steht mit dem bösen Geist im Bunde“, verbreitete er im Dorf. „Itkilik bringt er Glück — den anderen Unglück!“

Einmal, als der Bär wieder mit einem erlegten Ren heimwollte, lauerten ihm die Nachbarn auf und fielen über ihn her. Und sie hätten ihn sicher totgeschlagen, hätte Itkilik ihn nicht gerettet.

„Hier bist du deines Lebens nicht mehr sicher. Es wird besser sein, wenn du gehst“, sagte der Jäger zu dem Bären, als dieser sich von seinen Wunden erholt hatte.

Und so nahmen sie Abschied voneinander, und der Bär verschwand aus dem Dorf.

Aber mit dem Bären schien auch das Jagdglück das Dorf verlassen zu haben, und überall hielt der Hunger Einzug. Wenn sie früher schon wenig erbeutet hatten, so erbeuteten sie heute überhaupt nichts mehr. Nur Itkilik kehrte nie mit leeren Händen heim. Seine Familie war die einzige, die nicht Not zu leiden brauchte. Im Dorf flüsterte man sich zu, der Bär würde ihm das Wild zutreiben, allen anderen aber verjagen.

Als der alte Schamane mit all seinen Zaubersprüchen nichts ausrichten konnte, bezichtete er Itkilik, mit dem bösen Geist im Bunde zu stehen. Diesmal aber ließen sich die Männer nicht mehr gegen den erfolgreichen Jäger aufhetzen. Im Gegenteil, ihr Zorn richtete sich gegen den Schamanen, und sie hätten ihn in ihrer Wut vielleicht sogar totgeschlagen, hätte ihn nicht Itkilik — wie einst den Bären — gerettet.

Die Männer bereuten nun, sich von dem Schamanen gegen den Bären aufgehetzt haben zu lassen. Und als der Bär das merkte, da half er fortan auch ihnen bei der Jagd.

DER RABE UND DIE SCHÜSSEL

Vor vielen, vielen Jahren ging einmal ein Jäger in die Tundra, um etwas Eßbares zu erbeuten. Er hatte zu Hause Frau und Kind, und die Vorratskammern leerten sich bedenklich. Lange streifte er durch die Gegend, aber kein Wild ließ sich sehen. Auf dem Rückweg war er so erschöpft, daß er sich für einen Augenblick setzen mußte, um wieder zu Kräften zu kommen. Er hatte nur kurz ausruhen wollen, aber vor Müdigkeit fielen ihm die Augen zu.

Und er hätte gewiß wer weiß wie lange geschlafen, hätte ihn nicht großer Lärm geweckt. Er blinzelte mit den Augen und sah sich von einem Schwarm Raben umgeben.

„Endlich wieder was Richtiges zu essen", hörte er einen der Raben in der Sprache der Menschen sagen.

„Was sollen wir noch lange warten", meinte ein anderer. „Laßt uns endlich anfangen!"

Der erste Bissen gehört dem Anführer", wandte ein dritter ein.

„Ja, wir wollen auf unseren Anführer warten, auf den Weisen Raben!" riefen alle wie aus einem Munde.

Der Jäger stellte sich schlafend und wartete, was weiter kommen würde. Nach einer Weile hörte er Flügelschlag, und ein Rabe, größer als seine Gefährten, setzte sich auf seine Brust. Der Rabe machte ein paar Schritte, und dann pickte er ihn in die Hand. Der Mann verbiß sich den Schmerz und gab keinen Laut von sich. Dann pickte der Rabe ihn ins Bein. Aber auch diesmal rührte sich der Jäger nicht.

„Die Augen!" riefen die anderen Raben. „Das Beste sind die Augen!"

„Ihr habt recht", stimmte der Weise Rabe zu. „Das Beste sind Menschenaugen!" Und sprang dem Mann ins Gesicht.

In dem Augenblick packte der Jäger zu und hielt den Raben an beiden Beinen fest. Der Rabe wollte sich losreißen, aber vergebens. Die ganze Rabenschar flog erschrocken auf und davon.

„Du wolltest meine Augen und wirst dafür mit dem Leben bezahlen!" erklärte der Mann.

„Töte mich nicht, ich bin der Weise Rabe."

„Wie kannst du dich weise nennen, wenn du so leicht in die Falle gegangen bist", erwiderte der Jäger lachend.

„Ich erfülle dir jeden Wunsch, wenn du mich freiläßt", versprach der Rabe. „Ich kann dich sogar zum Schamanen machen."

„Nichts ist mir mehr zuwider, ich mag die Schamanen nämlich nicht!"

„So mache ich dich zum reichen Mann", erbot sich der Rabe.

Der Mann winkte verächtlich ab. „Reichtum lockt mich nicht."

„Und was lockt dich?" wollte der Rabe wissen. „Sage mir, was du dir wünschst, und ich werde es dir erfüllen."

„Das einzige, was ich mir wünsche, ist, daß meine Familie nie hungern muß."

„Nichts leichter als das!" Der Rabe hob den Kopf in die Höhe und murmelte etwas Unverständliches. Im gleichen Augenblick hielt er eine hölzerne Schüssel im Schnabel. Die reichte er dem Jäger und sprach: „Wann immer du zu der Schüssel sagst ‚Schüssel, ich will Robbenfleisch!' oder ‚Schüssel, ich will Rentierfleisch!', so wird sie voll sein mit dem Gewünschten. Aber eines rate ich dir: Halte die Augen offen und gebrauche die Schüssel mit Bedacht!"

Der Mann nahm die Schüssel und entgegnete mißtrauisch:

„Wer weiß, was an der Geschichte wahr ist. Erst muß ich es ausprobieren." Und er rief: „Schüssel, ich will Rentierfleisch!"

Kaum hatte er das ausgesprochen, da war die Schüssel auch schon bis zum Rand voll mit duftendem Rentierfleisch.

„Glaubst du mir nun?" fragte der Rabe.

Statt einer Antwort streckte der Mann die Hand mit dem Raben in die Höhe und ließ den Vogel fliegen. Der Rabe kreiste ein paarmal über seinem Kopf und verschwand dann in den Wolken.

Als der Jäger mit seiner seltsamen Beute nach Hause kam, stellte er die Schüssel mitten ins Zelt und befahl: „Schüssel, ich will Rentierfleisch!"

Wieder füllte sich die Schüssel im Nu, und Frau und Kinder starrten staunend auf das viele Fleisch. Eine ganze Woche hatten sie genug zu essen.

Der Jäger machte es sich auf seinem Lager aus Rentier- und Robbenfellen bequem und faulenzte, bis der jüngste Sohn ihn wachrüttelte.

„Vater, steh auf und sieh mal nach, was draußen los ist!"

Der Jäger ging verschlafen hinaus. Über dem Zelt kreiste der Weise Rabe und winkte dem Jäger, kaum daß er ihn erblickt hatte, mit den Flügeln zu, als wolle er ihm etwas sagen, und flog davon.

Als nach einer Woche die Vorräte ausgingen, stellte der Jäger wieder die Schüssel mitten ins Zelt und befahl: „Schüssel, ich will Robbenfleisch!"

Und die Schüssel füllte sich mit Robbenfleisch. Indem ertönte über dem Zelt ein lautes Krächzen. Der Jäger ging hinaus, rieb sich die Augen und sah den Weisen Raben, der gerade ein letztes Mal über dem Zelt kreiste und dann davonflog. Aber auch diesmal dachte er sich nichts dabei, hatte die Mahnung nicht verstanden, und winkte dem Raben sogar noch nach, zufrieden, daß die Schüssel so gute Dienste tat. Er kroch in seine Felle und gab sich wieder dem süßen Nichtstun hin.

Erst nach einer weiteren Woche, als er der Schüssel befahl, sich mit Fisch zu füllen, und der Rabe ein drittes Mal über dem Zelt erschien, da wurde der Jäger doch stutzig und rief sich die Worte des Vogels ins Gedächtnis zurück. Hatte der Rabe damals nicht gesagt, er solle die Augen offenhalten und die Schüssel mit Bedacht gebrauchen?

Zu der Zeit war schon dem ganzen Dorf verdächtig, daß der Jäger nie auf Jagd ging und seine Familie dennoch in Saus und Braus lebte. Kaum erfuhr der Jäger, was man im Dorf munkelte, bekam er Angst, daß ihm die Neider seine Schüssel wegnehmen könnten. Er versteckte sie ganz hinten in der Vorratskammer und zog wieder selbst in die Tundra hinaus wie alle anderen.

Seit der Zeit ging er der Jagd nach wie eh und je und holte die Schüssel nur hervor, wenn die Jäger lange nichts erbeutet hatten und überall Hunger herrschte. Dann füllte sich die Schüssel mit Robben- und Rentierfleisch oder mit Fisch für das ganze Dorf. Und seit der Zeit erschien auch der Weise Rabe nie mehr über dem Zelt des Jägers.

DER WAISENKNABE

Ein Eskimojunge hatte Vater und Mutter verloren, und weil er noch klein war und nicht selbst für sich sorgen konnte, nahmen ihn notgedrungen Verwandte bei sich auf. Aber die stießen ihn nur lieblos herum und gaben ihm nicht einmal genug zu essen, so daß er oft im Dorf betteln mußte, wenn er nicht verhungern wollte. Schließlich nahm sich ein alter, kinderloser Jäger seiner an. Bei ihm ging es dem Jungen besser, auch wenn der alte Jäger oft selbst nicht genug hatte und darben mußte.

‚Ich muß stark und tüchtig werden', wünschte sich der Junge, ‚damit ich meinem Wohltäter auf seine alten Tage alles vergelten kann, was er Gutes an mir getan hat.' Deshalb war er auch eifrig bemüht, sich alle Fertigkeiten eines guten Jägers anzueignen. Oft lief er in die Tundra hinaus und warf den Speer, um eine starke und sichere Hand zu bekommen.

Einmal sah ihm dabei ein Fuchs zu.

„Was treibst du denn da?" fragte der Fuchs.

„Ich übe, damit ich stark werde."

„Wenn du willst, mache ich dich zum stärksten Mann weit und breit."

„Wie sollte ich nicht wollen, ich wünsche mir ja nichts sehnlicher."

„Aber du mußt auch was aushalten."

„Ich halte alles aus", versicherte der Junge.

Da wickelte der Fuchs seinen Schwanz um den Jungen, hob ihn in die Höhe und schleuderte ihn mit aller Wucht auf die Erde. Der Junge blieb liegen und meinte, alle Knochen im Leib gebrochen zu haben.

„Wie fühlst du dich?“ fragte der Fuchs.

„Wie gerädert.“

Da wickelte der Fuchs noch einmal den Schwanz um den Jungen, hob ihn auf und schleuderte ihn wieder mit aller Wucht auf die Erde.

„Und wie geht es dir nun?“

„Ganz gut.“

Der Fuchs wickelte ein drittes Mal seinen Schwanz um den Jungen und schleuderte ihn noch viel stärker auf die Erde. Aber diesmal hielt sich der Junge aufrecht, fiel direkt auf die Beine, fing den Aufprall mit den Knien ab und tat nur einen kleinen Sprung.

„Nun, und wie fühlst du dich jetzt?“ fragte der Fuchs.

„Ich fühle mich sehr stark.“

„Das bist du auch“, erklärte der Fuchs. „Du hast solche Kraft, daß dich alle darum beneiden werden.“

Und nach diesen Worten war er plötzlich verschwunden, als hätte er sich in Luft aufgelöst. Es war nämlich ein Zauberfuchs.

Der Junge probierte gleich seine Kraft aus. Er nahm den Speer und warf ihn so weit, daß er ihn gar nicht mehr finden konnte.

Fröhlich ging er nach Hause. Es wurde schon langsam dunkel. Unterwegs stach ihm ein großer Stein ins Auge. Früher hätte er ihn nicht einmal von der Stelle rücken können, jetzt aber hob er ihn auf und legte ihn mitten im Dorf ab. „Wo kommt denn der Felsbrocken her?“ staunten die Leute am nächsten Tag. „Wer mag ihn nur hierher gebracht haben?“

Der Junge aber schwieg, auch wenn sein Herz vor Freude im Leibe hüpfte, als er sah, wie die erwachsenen Männer den Stein nicht aufheben konnten.

Wenig später schwemmte das Meer einen schweren Baumstamm an den Strand. Die Leute freuten sich, denn Holz war rar im hohen Norden. Doch soviel sich die Männer auch anstrengten, sie konnten den Stamm nicht davontragen. Am Abend ging der Junge zum Meer, warf sich den Stamm über die Schulter und legte ihn mitten im Dorf nieder.

Am Morgen hatte er dann seinen Spaß daran, wie die Männer aufgeregt um ihn herumliefen und sich fragten, wie der Baumstamm wohl ins Dorf gelangt war.

„Unter uns muß ein Kraftprotz sein", ging es von Mund zu Mund. „Aber wer?"

Der Junge lächelte nur.

Bald darauf zog der Winter mit starkem Frost ein. Und eines Tages kam ein Dorfbewohner aufgeregt gelaufen und schrie schon von weitem, daß drei Bären auf das Dorf zukämen. Die Männer griffen nach ihren Waffen, um die Bären mit ihren Speeren abzuwehren. Als der Junge das sah, überholte er die Jäger und ging allein den Bären entgegen.

„Komm zurück! Versteck dich!" riefen die Männer ihm nach, aber der Junge tat, als höre er sie nicht. Er wartete, bis die Bären heran waren, und dann packte er den ersten im Genick und schleuderte ihn nach hinten. Als der Bär vor den Männern hinfiel, war er schon tot. Dann nahm sich der Junge die beiden anderen Bären vor und schlug ihnen so lange die Köpfe gegeneinander, bis es um sie geschehen war.

Den ersten Bären überließ der Junge den Männern, die beiden anderen schaffte er nach Hause und gab sie seinem Wohltäter.

An diesem Tag wurde der arme, verachtete Waisenknabe zum angesehendsten Menschen im Dorf.

DER NIMMERSATT

Eine Frau hatte ihren Mann verloren und war mit ihrem Söhnchen allein zurückgeblieben. Der Junge zeichnete sich durch einen ungewöhnlichen Appetit aus. Von früh bis spät verlangte er nur zu essen. Für die Mutter wurde es immer schwerer, den kleinen Nimmersatt zu ernähren. Als er wieder einmal, kaum daß er gegessen hatte, rief: „Mutter, ich habe Hunger, Hunger!“ wurde die Mutter böse und rief im Zorn: „Geh zum Meer, soll das dir zu essen geben!“

Der Junge ging zum Strand, und siehe da, in einer Wasserlache fand er einen Fisch. Er bückte sich, und im Nu waren von dem Fisch nicht einmal die Gräten übrig. Dann ging er weiter und sah eine Robbe. Er sprang hinzu, und ehe man hätte bis zehn zählen können, war auch die Robbe in seinem unersättlichen Bauch verschwunden.

„Das war nicht schlecht, aber viel zu wenig“, seufzte der Junge, weil er noch immer furchtbaren Hunger hatte. Wie er sich so nach etwas Eßbarem umschaute, entdeckte er einen Seehund. Und auch der mußte daran glauben. Dann wischte sich der Junge den Mund ab und strich sich vor Wohlbehagen sein Bäuchlein. Er fühlte sich schon etwas besser, aber so richtig satt war er immer noch nicht. ‚Wenn ich nur was zu essen hätte!‘ dachte er und ging weiter am Wasser entlang. Indem warf das Meer einen Wal auf den Strand. Nimmersatt lief hin, und es dauerte nicht lange, da hatte er auch den Wal verzehrt.

Jetzt fühlte sich der Junge wohl. Zum ersten Mal in seinem Leben war er richtig satt. Auf dem Heimweg bekam er Durst, und da gerade ein Fluß in der Nähe war, trank er auch noch den Fluß aus. Als er sich dann aufrichtete, da war er rund wie eine riesige Kugel.

Als er schließlich nach Hause gekullert war, da mußte er feststellen, daß die Tür zu schmal war. Er mochte sich anstrengen, soviel er wollte, er ging nicht hindurch.

„Ich kann nicht hinein!“ rief er der Mutter zu. „Was soll ich denn nur machen?“

„Wenn du hinausgegangen bist, so wirst du ja auch wieder hereinkommen!“ rief die Mutter zurück.

Der Junge kämpfte also so lange mit der Tür, bis er sie aus den Angeln gehoben hatte.

Die Mutter erschrak zu Tode, als sie sah, daß ihr Sohn die ganze Hütte einnahm.

„Vorsicht, die Lampe!“ wollte sie ihn warnen, aber es war schon zu spät. Die Lampe fiel um und verbrannte ihm den Bauch. Die Mutter konnte sich gerade noch ins Freie retten, da gab es einen fürchterlichen Knall.

Als wieder Ruhe eingetreten war, sah die Mutter in den Trümmern ihrer Hütte statt des Sohnes einen kleinen See, und in dem schwammen ein Fisch, eine Robbe, ein Seehund und ein Wal.

DER JÄGER UND DIE FÜCHSIN

Ein Mann, der sein ganzes Leben lang einsam und allein gelebt hatte, kehrte nach langer Zeit von der Jagd heim. Als er in seine Hütte trat, schien ihm diese sehr verändert. Erst nach einer Weile kam er darauf, daß darin eine vorbildliche Ordnung herrschte, alles war aufgeräumt und sauber.

‚Das geht nicht mit rechten Dingen zu', sagte sich der Mann. ‚Es muß jemand hier gewesen sein!'

Als er wieder auf Jagd ging, ließ er absichtlich alles in Unordnung zurück. Und als er zurückkam, sah er sogleich, daß auch diesmal fleißige Hände am Werk gewesen waren. Dem Mann gefiel das: Jedesmal, wenn er von der Jagd heimkehrte, fand er seine Hütte sauber und ordentlich vor. Und auf dem Tisch stand das Essen. Schließlich ließ ihm die Neugier keine Ruhe mehr, und er nahm sich vor, dahinterzukommen, wer so vorbildlich für ihn sorgte.

Eines Tages ging er aus dem Haus, so, als wolle er auf die Jagd gehen, versteckte sich aber in der Nähe, um zu beobachten, was sich tun würde. Bald darauf kam ein Fuchs gelaufen und schlüpfte in die Hütte. Und als der Jäger durchs Fenster schaute, da sah er, wie der Fuchs drinnen seinen Pelz abwarf, ihn an einen Nagel hängte und sich in eine hübsche junge Frau verwandelte.

Da trat der Mann in die Hütte und fragte die Frau, ob sie die Person sei, die schon so lange seinen Haushalt in Ordnung halte.

„Ja, das war ich, und ich hoffe, du bist zufrieden mit mir."

„Gewiß, und noch zufriedener wäre ich, wenn du für immer bei mir bliebst und meine Frau würdest“, antwortete der Jäger.

Die Füchsin war gern einverstanden. Nur eine einzige Bedingung stellte sie, und zwar, daß ihr Mann nie Füchse schießen dürfe. „Es sind meine Geschwister, und wenn du auch nur einen von ihnen tötest, so wirst du mich nie wiedersehen!“

„Gern erfülle ich deine Bedingung“, erklärte der Mann, „denn du bist mir viel mehr wert als alle Fuchspelze auf der Welt.“

Zur Verwunderung der übrigen Jäger schoß der Mann wirklich von Stund an keinen Fuchs mehr. Und er brauchte es nicht zu bereuen, denn er hatte dafür eine Frau gewonnen, die nicht nur hübsch, sondern auch gut und fleißig war.

Die Zeit verging, die Jahre flossen dahin.

Und einmal, als der Jäger von erfolgreicher Jagd heimkehren wollte, da lief ihm ein Silberfuchs über den Weg. Es war ein so prächtiges Tier, daß der Mann augenblicklich alle Schwüre vergessen hatte. Das Jagdfieber hatte ihn gepackt, und er legte an. Der Fuchs fiel tot in den Schnee. In dem Augenblick war dem Jäger, als höre er einen leisen Schrei. Er erschrak, ließ den Fuchs liegen und eilte, nichts Gutes ahnend, nach Hause.

Er fand die Hütte leer. Das Fell seiner Frau hing nicht mehr an der Stelle, wo es all die Jahre über gehangen hatte. Vergebens suchte er nach ihr. Er sah seine Frau nie wieder.

DER BÄR MIT DEM MENSCHENHERZEN

Es war einmal ein junges Mädchen, das war weder hübsch noch reich, sondern häßlich und arm. Alle anderen Mädchen waren längst verheiratet, nur sie wartete noch immer auf einen Mann.

Doch soviel sie sich auch härmte, es nützte nichts. Ihre Eltern waren bereits dorthin gegangen, von wo es keine Rückkehr mehr gibt, und sie war noch immer allein. Da ging sie eines Tages zu einer weisen Frau, die sich auf allerlei Zauber verstehen sollte, und klagte ihr Leid. Die Alte sprach lange mit den Geistern und sagte dann zu dem Mädchen: „Gehe morgen den Strahlen der untergehenden Sonne nach, und der erste, dem du begegnest, der wird dein Mann."

Das Mädchen befolgte den Rat, und am nächsten Tag, als die Sonne sich dem Horizont zuneigte, ging sie deren Strahlen nach. Immer weiter entfernte sie sich vom Dorf, geriet immer tiefer in die Tundra hinein, und je länger sie ging, um so mehr schwand ihre Hoffnung, daß sich die Worte der weisen Frau erfüllen würden.

‚Eher begegne ich hier einem Bären als einem Mann!' dachte sie. Und dann warf sie trotzig den Kopf zurück und rief laut: „Lieber einen Bären zum Mann als gar keinen!"

Kaum hatte sie das gesagt, da stand ein Bär vor ihr.

„Du wolltest mich zum Mann", sagte er. „Hier bin ich."

Das Mädchen war selbst über ihre Worte erschrocken, doch es war zu spät, sie zurückzunehmen.

So wurde sie die Frau des Bären, und als ihre Stunde gekommen war, schenkte sie einem kleinen Bären das Leben.

Das Bärenkind wuchs ungewöhnlich schnell, und schon nach einem Jahr war es ein stattlicher junger Bär, der seinem Vater in nichts nachstand. Nur in einem unterschied er sich von diesem: Er hatte ein Menschenherz.

„Ich möchte so sein wie du", sagte er einmal zu seiner Mutter.

„Sei froh, daß du ein Bär bist", lautete die Antwort. „Ein Bär ist stärker als ein Mensch."

Nach einiger Zeit stießen die beiden Bären auf der Jagd auf zwei Jäger. Die schossen den alten Bären tot, und den jungen verwundeten sie so schwer, daß der nur mit Müh und Not entkommen und sich zu seiner Mutter schleppen konnte. Lange dauerte es, bis er sich von seinen Wunden erholt hatte.

„Es stimmt nicht, daß der Bär stärker ist als der Mensch", sagte er, als er wieder genesen war, zu seiner Mutter. „Ach, was gäbe ich nicht darum, könnte ich so sein wie du!"

Die Mutter wußte nicht, was sie ihm antworten, wie sie ihm helfen sollte. Und da fiel ihr wieder die alte weise Frau ein. ‚Sie hat mir zu einem Mann verholfen', sagte sie sich. ‚Vielleicht weiß sie auch, wie mein Sohn menschliche Gestalt bekommen kann.'

Und sie ging in ihr Heimatdorf zu der alten weisen Frau.

Die Alte beriet sich lange mit den Geistern, bis sie endlich zu sprechen anhob: „Wenn du willst, daß dein Sohn ein Mensch wird, so mußt du selbst zum Bären werden. Einen anderen Weg gibt es nicht."

„So mag es denn sein", antwortete die Mutter. „Ich will alles auf mich nehmen, wenn nur mein Sohn glücklich wird. Sag, was soll ich tun?"

„Reiße deinem Sohn ein Büschel Bärenfell aus und dir ein paar Haare. Sobald er schläft, mußt du ihm deine Haare unters Kissen legen und dann auf seinem Fellbüschel einschlafen. Am Morgen wirst du dann in einem Bärenpelz erwachen, er aber in menschlicher Gestalt."

Die Mutter kehrte nach Hause zurück und tat, wie ihr die Alte geraten.

„Was ist mit mir geschehen?" staunte der Sohn, als er am Morgen erwachte. „Mutter, ich bin ein Mensch!"

„Du bist ein Mensch, wie du es dir gewünscht, und du wirst für immer ein Mensch bleiben. Und nun kannst du zu den Menschen gehen, zu denen dich dein Herz zieht."

„Warum sagst du, du kannst gehen? Wir gehen doch beide, wir gehören doch zusammen", wandte der Sohn ein und drehte sich verwundert nach der Mutter um. Erst da bemerkte er ihre Verwandlung.

„Mutter!" rief er erschrocken.

„Ja, es ist so“, sagte die Mutter. „Damit du zum Menschen werden konntest, mußte ich zur Bärin werden. Unsere Wege trennen sich.“

„Nein, sie trennen sich nicht, Mutter. Du bist mir lieber als alle Menschen auf der Welt. Ich bleibe bei dir!“

Und so geschah es. Der Sohn blieb in der Höhle bei seiner Mutter, und erst nach ihrem Tod ging er zu den Menschen.

BEGEGNUNG MIT DEN ZWERGEN

Ein greiser Eskimojäger erzählte gern, wie er einst in jungen Jahren in der weiten, verschneiten Tundra auf Zwerge gestoßen war: „Sie sind nicht größer als mein Daumen und leben in winzigen, niedrigen Hütten oder in Erdlöchern. Sie sehen genau so aus wie wir Menschen, und sie haben auch die gleichen Waffen, Pfeil, Bogen und Speere, aber natürlich ganz klein. Vor den Menschen fürchten sie sich und gehen ihnen aus dem Wege."

„Wie kommt es aber, daß außer dir niemand von uns je einen Zwerg zu Gesicht bekommen hat?" fragten die Zuhörer ungläubig.

„Das gelingt nun mal nicht jedem, da muß man ganz besonderes Glück haben. Und dann ...", der Alte senkte die Stimme, „wenn schon jemand den Zwergen begegnet, so muß er ihnen versprechen, niemandem zu verraten, wo sie wohnen, sonst bestrafen sie ihn grausam, denn sie können zaubern und sind gar mächtig."

An diese Worte des alten Jägers mußten zwei Männer denken, die eines Tages in der Gegend am Meer auf der Jagd waren. Als sie auf die Hochebene kamen, die langsam zum Meer abfällt, blieb der eine plötzlich stehen und sagte: „Ich glaube, ich höre Stimmen."

„Ich höre nichts", meinte der zweite.

„Nein, hör nur", beharrte der erste und legte die Hand ans Ohr.

Auch der zweite lauschte nun angestrengt und sagte dann: „Du hast recht, dort unten spricht jemand." Und dann zeigte er überrascht nach vorn: „Siehst du, dort steigt Rauch aus der Erde!"

„Wo Rauch ist, müssen auch Menschen sein."

Beide Männer liefen schnell den Hang hinab. Aber nirgends sahen sie eine Menschenseele, nur ein paar Rauchsäulen, die aus Öffnungen in der Erde aufstiegen.

Da sagte plötzlich eine Stimme hinter ihnen: „Was haben wir euch getan, daß ihr unsere Behausungen zerstört?“

Sie drehten sich um, konnten aber niemanden entdecken. Erst als sie nach unten schauten, da sahen sie ein winziges Männlein stehen, nicht größer als ein Daumen.

„Sieh nur“, sagte das Männlein vorwurfsvoll, „du hast meine Hütte zertreten.“

Der Mann, neben dem das Männlein stand, bückte sich und entdeckte wirklich ein kleines Hüttchen, das er unbewußt zertreten hatte. Und ähnliche Häuschen gab es überall, ein ganzes Dorf.

„Wenn ihr Böses gegen uns im Schilde führt, kommt ihr nicht lebend davon!“ drohte das Männlein.

„Aber wo denkt ihr hin! Wir hatten nur Rauch gesehen und glaubten, hier Menschen zu finden. Wir wollten euch bestimmt nichts Böses tun“, versicherten die Jäger.

Inzwischen kamen auch aus den anderen Hütten Zwerge heraus und starrten neugierig die beiden Männer an.

Der eine Jäger bückte sich und nahm ein paar Zwerge auf die Hand, um sie genauer zu betrachten. Aber als er an ihren finsteren Mienen sah, wie sehr ihnen das mißfiel, stellte er sie schnell wieder auf die Erde zurück.

„Tu das nicht wieder“, sagte einer der Zwerge. „Wir mögen das nicht!“

Die Männer beschlossen, eine Zeitlang bei den Zwergen zu bleiben, und bauten sich am Rande des Zwergendorfes eine Blockhütte.

Die Zwerge hatten sich bald mit den Jägern angefreundet und luden sie oft zu sich ein. Sie bewirteten sie sehr gastfreundlich, aber es waren so kleine Happen, daß die Männer verhungert wären, wenn sie nur von dem gelebt hätten, was die Zwerge ihnen anboten.

Und so gingen sie weiter wie früher auf die Jagd, und von dem, was sie erlegten, gaben sie auch gern ihren kleinen Freunden ab.

Einmal erhob sich am Strand lautes Geschrei.

„Wir haben einen Wal gefangen“, berichteten die Zwerge, die atemlos in die Blockhütte gelaufen kamen. „Ihr müßt uns helfen!“

Die Männer gingen hinaus, aber einen Walfisch konnten sie beim besten Willen nicht entdecken. Nur eine Schar kleiner Männlein, die sich aufgeregt am Wasser zu schaffen machten. Als die Jäger näher kamen, sahen sie, daß sich die Zwerge vergebens mit einem großen Dorsch abmühten, den sie mit

ihren schwachen Kräften nicht von der Stelle bekamen. Einer der Männer hob den Dorsch auf und trug ihn den Zwergen in ihr Dorf.

Ein andermal wieder kam ein kleines Männlein in die Hütte gestürzt und rief ganz entsetzt: „Hilfe! Hilfe! Ein Bär ist im Dorf!"

Die Männer griffen schnell zu ihren Waffen und rannten hinaus, doch von einem Bären war weit und breit nichts zu sehen.

„Wo ist er denn?" fragten sie die Zwerge.

„Hier, er hat sich in seiner Höhle versteckt."

Die Jäger suchten die ganze Umgebung ab, aber sie fanden keine Bärenspur, nur ein Mauseloch, in das sich der Bär angeblich verkrochen haben sollte. Kaum aber waren sie wieder in ihrer Hütte, da kam atemlos ein zweiter Zwerg angerannt und rief ganz außer sich vor Angst: „Hilfe! Der Bär hat ein Kind gebissen!"

Die Jäger liefen hinaus. Vor dem Mauseloch lag ein Zwergenkind und hielt sich heulend die blutende Backe. Von dem Bären aber sahen sie keine Spur.

„Dort! Dorthinein ist er gekrochen!" riefen die Zwerge und zeigten auf das Mauseloch.

Da gruben die Männer das Loch auf, bis sie ganz tief unten die Maus gefunden hatten. Sie zertraten sie und warfen sie weit weg.

Die Zwerge führten Freudentänze auf und bedankten sich bei den Jägern. Sie waren froh, so starke Nachbarn gefunden zu haben.

Die beiden Männer aber dachten nun langsam an die Heimkehr. Dabei fiel dem einen ein, daß der alte Jäger zu Hause, von dem sie das erste Mal von den Zwergen gehört, auch behauptet hatte, die Zwerge brächten Glück.

„Wollen wir uns nicht einen als Glücksbringer mit nach Hause nehmen?" fragte er den anderen.

Dem gefiel die Idee nicht schlecht. Jeder steckte sich also ein kleines Männlein in die Tasche, und dann brachen sie auf. Doch seltsam, in welche Richtung sie auch gingen, nach einiger Zeit standen sie wieder vor ihrer Hütte. Es war wie verhext.

Bis sich die Zwerge schließlich ihrer erbarmten und sagten: „Gebt uns unsere Brüder wieder, die ihr mitnehmen wolltet, sonst findet ihr nie mehr nach Hause!"

Beschämt gaben die Jäger die Zwerge heraus.

„Und noch einen Rat geben wir euch", sagten die Zwerge zum Abschied.

„Ihr dürft keiner Menschenseele sagen, wo unser Dorf liegt. Das Geheimnis müßt ihr mit ins Grab nehmen. Wenn ihr uns verratet, so werden wir uns bitter rächen. Und ihr habt euch ja nun überzeugen können, daß unsere Macht größer ist als wir selbst."

Die Jäger versprachen zu schweigen.

An den langen Winterabenden, wenn so alles Mögliche erzählt wurde, berichteten die beiden Männer manchmal von ihrer Begegnung mit den Zwergen. Aber wenn jemand wissen wollte, wo das gewesen sei, da zuckten sie nur mit den Schultern und sagten: „Das wissen wir nicht mehr. Das haben wir vergessen."

DER GEHEIMNISVOLLE GAST

Ganz am Ende eines Eskimodorfes lebte eine alte Frau mit ihrem Enkel. Es war eine böse, gehässige Alte, zanksüchtig und geizig wie keine zweite. Und wenn die Leute im Dorf flüsterten, daß sie mit den bösen Geistern im Bunde stehe, so hatten sie nicht einmal so unrecht. Alle gingen ihr lieber aus dem Weg und hüteten sich, sie gegen sich aufzubringen.

Im Nachbarzelt lebte ein junger Jäger, und da er ihr Nachbar war, ließ er es sich angelegen sein, mit der Alten im Guten auszukommen. Von jedem erlegten Wild schnitt er ein Stück Fleisch ab und schickte seine Frau damit zu der Alten. Aber statt Dank bekam die Frau nur jedesmal zu hören, ihr Mann hätte gut und gern ein größeres und besseres Stück schicken können.

‚Das nächste Mal bekommt sie gar nichts', nahm sich der Jäger dann immer vor, aber es blieb doch alles so wie bisher, weil er sich nämlich fürchtete, die Alte könne sich an ihm rächen.

Einmal kam ein Fremder zu dem jungen Ehepaar. Niemand wußte, woher er gekommen war, niemand fragte ihn, wie lange er zu bleiben gedenke. Auf jeden Fall mußte er ein erfahrener Jäger sein, denn er zog jeden Morgen in die Tundra hinaus und brachte jedesmal seinen Gastgebern reichen Fang heim. Der junge Mann wollte wie immer auch der Nachbarin davon abgeben, aber der Fremde gebot ihm Einhalt.

„Wer es sich nicht verdient hat, der bekommt auch nichts", erklärte er.

Und so ließen sie sich's halt allein schmecken.

Der verlockende Duft, der vom Nachbarzelt aufstieg, trieb die Alte schier zum Wahnsinn. Sie konnte sich wohl denken, wer daran schuld war, daß die Quelle, aus der es sich so gut gelebt hatte, plötzlich versiegt war, und sie schwor sich, den Fremden aus der Welt zu schaffen.

Sie kochte eine Suppe aus Wolfshirn, streute ein giftiges Kraut hinein und murmelte dabei geheimnisvolle Sprüche über dem Kessel.

Dann schickte sie den Enkel zu den Nachbarn, um den fremden Mann einzuladen. „Sage ihm, er möge mich mit seinem Besuch beehren, denn ich hätte für ihn etwas so Gutes gekocht, wie er sein Lebtag noch nicht gegessen und auch nie mehr essen wird“, trug sie dem Jungen auf.

Der Junge ging und richtete den Nachbarn die Einladung der Großmutter aus.

Der Fremde kratzte sich hinterm Ohr und fragte nachdenklich:

„Und was hat deine Großmutter denn für mich gekocht? Ist es vielleicht Fleisch vom Wolf?“

„Ja ...“, stotterte der Junge, weil die Großmutter ihn ermahnt hatte, die Zunge im Zaum zu halten.

„Also gut“, meinte der Mann lachend. „Sag der Großmutter, ich käme gern, ich würde mich sogar sehr freuen.“

Und dann überlegte er, wie er die Alte überlisten könne. Und es dauerte nicht lange, da hatte er es. Doch ehe er der Einladung nachkam, weihte er seinen Gastgeber ein, dessen Unterstützung er zur Ausführung seines Planes brauchte.

Dann begab er sich gemächlich zu der Alten, die ihn mit geheuchelter Freundlichkeit empfing und ihm eine Schüssel Suppe vorsetzte.

Kaum hatte sich der Fremde gesetzt, da klangen draußen Schritte, und der junge Jäger trat ein und teilte der Nachbarin mit, er wolle ihr ein Stück Fleisch von dem Ren abschneiden, das er eben erlegt hätte, sie möchte doch so gut sein und es sich selbst aussuchen.

Die habgierige Alte konnte natürlich nicht widerstehen und ging mit dem jungen Mann hinaus. Diesen Augenblick nutzte der Fremde, goß schnell die Suppe in einen mitgebrachten Lederbeutel, und aus einem zweiten füllte er die leere Schüssel mit einer anderen Suppe, die ihm die Frau des Jägers gekocht hatte. Als die Alte wieder ins Zelt trat, saß ihr Gast über der Schüssel und löffelte sie gerade schmatzend leer.

Dann wischte er sich zufrieden den Mund ab und erklärte: „So etwas Gutes habe ich wirklich schon lange nicht gegessen. Aber auch ich bin nicht mit leeren Händen gekommen. Bei uns zu Hause ist es Brauch, daß der Gast dem Gastgeber eine Kostprobe vom Besten, was er im Haus hat, mitbringt.“ Er zog unter seiner Jacke den Lederbeutel hervor und goß dessen Inhalt in die Schüssel zurück. „Und nun koste von meiner Suppe!“

Die Alte mußte wohl oder übel zulangen. Aber kaum hatte sie ein paar Löffel gegessen, da fiel sie tot um.

Der geheimnisvolle Fremde verschwand noch am gleichen Tag aus dem Dorf und ward nie wieder gesehen.

Und alle waren heilfroh, daß sie die böse Alte endlich loswaren.

DER PFIFFIGE FUCHS

Einmal kroch der Fuchs aus seinem Bau, um sich nach etwas Eßbarem umzusehen. Er kam zum Meer, und dort sah er einen Dorsch, den die Wellen ans Land gespült hatten. Er packte den Dorsch und spazierte damit zufrieden nach Hause. Unterwegs begegnete er dem Wolf, der voller Neid fragte:

„Wo hast du denn den Fisch her?"

„Wo sollte ich ihn herhaben? Aus dem Meer natürlich. Ich habe ihn dort gefangen."

„Seit wann kannst du Fische fangen?" fragte der Wolf verwundert.

„Ich habe es eben gelernt, es ist kinderleicht", log der Fuchs.

„Und könntest du es mir nicht auch beibringen?"

„Warum nicht?" meinte der Fuchs und überlegte geschwind, wie er dem Wolf eins auswischen könne. Er hatte nämlich eine Stinkwut auf ihn, weil der Wolf ihm schon lange das Jagdrevier unsicher machte und ihm so manchen Hasen vor der Nase wegschnappte. Und er mußte dann zusehen, wie es sich der andere schmecken ließ.

„Paß auf", erklärte der Fuchs dem Wolf. „Ich habe mich dort auf eine Eisscholle gesetzt und die ganze Nacht den Schwanz ins Wasser hängen lassen. Am Morgen war er voller Fische."

„Voller Fische? Und wo hast du die alle?"

„Wo sollte ich sie haben? Aufgegessen habe ich sie. Nur den letzten, den konnte ich beim besten Willen nicht mehr runterbringen, den nehme ich mit nach Hause."

„Gib ihn mir doch ab, wenn du schon satt bist", bettelte der Wolf.

„Sei nicht faul, und fang dir selbst welche. Ich hab dir ja gesagt, wie man das macht. Es ist wirklich ganz einfach."

Da zog der Wolf los, setzte sich auf eine Eisscholle und ließ den Schwanz in das eiskalte Wasser hängen. Die ganze Nacht saß er dort, so daß der Schwanz am Eis festfror. Und am Morgen konnte er ihn beim besten Willen nicht herausziehen. „Ach, ist der schwer!" sagte er. „Sicher hängt eine Unmenge Fische daran." Und er zog und zog, bis der Schwanz abriß und dem Wolf nur ein Stummel verblieb. Halb wahnsinnig vor Schmerz rannte der Wolf davon, geradewegs zum Fuchs, um ihn zu zerreißen.

Der dachte natürlich gar nicht daran, auf seinen Lohn zu warten. Als er den Wolf nahen sah, floh er schnell in die Tundra. Der Wolf rannte ihm nach, aber er wurde immer schwächer, bis er schließlich tot umfiel.

„So, den wäre ich los!" freute sich der Fuchs. „Heute ist wirklich ein Glückstag für mich." Er zog dem toten Wolf das Fell ab und schaffte ihn stückweise in seinen Bau.

Indem kam der Elch vorüber.

„Du hast ein Leben", sagte er. „Essen hast du in Hülle und Fülle, während ich schon tagelang vergeblich nach etwas Moos suche."

Der Fuchs spitzte die Ohren und überlegte angestrengt, wie er den Elch überlisten könne. Er hatte schon lange Appetit auf dessen Fleisch, aber wie sollte er so ein großes und starkes Tier erbeuten?

„Komm mit mir, ich weiß, wo schönes Moos wächst", erbot er sich mit geheuchelter Freundlichkeit.

Er führte den Elch auf einen nahen Berg und zeigte hinunter.

„Unten im Tal wächst das herrlichste Moos, das du dir nur vorstellen kannst."

„Aber wie komme ich dorthin?" fragte der Elch.

„Ganz einfach, du brauchst nur geradeaus zu gehen und dann nach rechts, und schon bist du unten", versicherte der Fuchs.

Der Elch befolgte den Rat, und als er an einer Stelle war, wo der Berg steil abfiel, rief der Fuchs plötzlich: „Reiß aus, der Bär ist hinter dir!“

Der Elch rannte kopflos davon und stürzte ab.

Der Fuchs aber lief um den Berg herum und fand unten den toten Elch.

„Wer hätte gedacht, daß ich heute einen solchen Fang mache!“ freute er sich. „Mit so einem Fleischberg komme ich über den ganzen Winter.“

Stückweise schaffte er den Elch in seinen Bau.

Fleisch hatte der Fuchs nun genug, aber sein außerordentlicher Jagderfolg erfüllte ihn mit neuem Tatendrang, und so überlegte er, was er noch unternehmen könne. Da fiel ihm der Bär ein, mit dem er auch schon lange ein Hühnchen zu rupfen hatte. Wenn der nämlich durch sein Revier trabte, dröhnte die Erde unter seinem Gewicht, und weit und breit ergriff alles die Flucht, so daß der Fuchs sich die Beine wundlaufen konnte, ehe er einen anständigen Bissen auftrieb.

„Na, wir werden ja sehen“, sagte der Fuchs vergnügt. Er nahm die Elchleber und zog los zur Höhle des Bären. Vor der setzte er sich hin und biß schmatzend in die Leber.

Es dauerte nicht lange, da kam der Bär heraus und machte große Augen.

„Wo hast du denn einen solchen Leckerbissen aufgetrieben?“ fragte er, zog den verlockenden Duft ein und leckte sich genüßlich die Schnauze.

„Ganz einfach, ich habe mir meine eigene Leber herausgenommen“, erklärte der Fuchs. „Wenn du Hunger hast, brauchst du es nur nachzumachen.“

„Aber das tut doch bestimmt weh.“

„Nicht im geringsten“, versicherte der Fuchs. „Wenn du willst, helfe ich dir.“

„Also gut“, meinte der Bär und legte sich auf den Rücken.

Der Fuchs schlitzte ihm geschwind den Bauch auf und riß die Leber heraus. Da war es um den Bären geschehen.

Der pfiffige Fuchs machte sich über Bärenfleisch und Bärenspeck her, und was er nicht auf der Stelle fressen konnte, das schaffte er zu seinen Wintervorräten. Dann zog er sich zufrieden in seinen Bau zurück und freute sich, wie er alle überlistet hatte.

DAS LAND DER EWIGEN FINSTERNIS

Es ist schon lange, lange her, da lebte im hohen Norden ein Mann mit seiner Frau und seinem kleinen Sohn. Der Mann war im Grunde kein schlechter Kerl, wäre er nur nicht so schrecklich eifersüchtig gewesen. Er quälte seine Frau mit seiner Eifersucht, obwohl er dafür überhaupt keinen Grund hatte, und schlug sie sogar. Die Frau ertrug das eine Zeitlang geduldig, aber dann fühlte sie sich immer unglücklicher. Als ihr Mann sie wieder einmal geschlagen hatte, nahm sie ihr Kind und ging zu einer guten alten Frau, die sich auf Zauberei verstand.

Die Alte hörte sich die Frau an und beriet sich lange mit den guten Geistern. Sie nahm ein Seehundfell und rieb es mit einem Sud ein. Dann kochte sie Seehundfleisch und tat es in eine hölzerne Schüssel. Fell und Schüssel gab sie dann der Frau mit den Worten: „Geh nach Hause, und alles wird gut werden."

Die Frau bedankte sich und machte sich auf den Heimweg.

Der Mann hielt längst nach ihr Ausschau, schimpfte schon von weitem und drohte ihr Prügel an. Als das die arme Frau hörte, rannte sie in ihrer Angst und Verzweiflung zum Meer. Vom steilen, felsigen Ufer warf sie erst das Seehundfell ins Wasser und stürzte sich dann selbst mit dem Kind hinab.

Der Mann erschrak über die Maßen, was er mit seiner Eifersucht angerichtet hatte, und rannte verzweifelt zu der Felsklippe, von der die Frau hinabgesprungen war. Da sah er unten auf dem Wasser ein ausgebreitetes Seehundfell schwimmen und darauf seine Frau und seinen Sohn. Froh, daß sie noch am Leben waren, lief er zurück, um sein Kajak zu holen. Aber ehe er es ins Wasser gelassen hatte, entfernte sich das Seehundfell schon mit großer Geschwindigkeit vom Ufer und trug seine Frau mit dem Sohn immer schneller aufs Meer hinaus. Bald waren sie in der Ferne verschwunden.

Die Frau brauchte eine ganze Weile, bis sie wieder ihre Sinne beisammen hatte. Als sie aber sah, daß dem Seehundfell die hohen Wellen nichts antun konnten, verlor sie ihre Angst und schaute ruhig ihrem Schicksal entgegen. Ein Tag verging und eine Nacht, und noch immer trieb das Seehundfell auf dem Meer. Zum Glück war auch die hölzerne Schüssel eine Zauberschüssel, die nie leer wurde, und so brauchten weder die Frau noch ihr kleines Söhnchen Hunger zu leiden.

Bisher hatten Tag und Nacht viele Male einander abgewechselt. Eines Tages erwachte die Frau und stellte fest, daß das Zauberfell an Land aufgesetzt hatte. Es war noch dunkel. Die Frau wartete auf das Morgengrauen, aber es wurde nicht Tag. Das Seehundfell hatte sie in ein Land gebracht, in dem ewige Finsternis herrschte. Nach einer Weile gewöhnten sich ihre Augen an die Dunkelheit und vermochten einzelne Konturen zu unterscheiden. Da wagte sich die Frau von dem Fell herab. Unter ihren Füßen war fester Boden, auf dem etwas schwach glitzerte. Sie bückte sich und fand einige kleine Kugeln. Einige tat sie in die hölzerne Schüssel und ging dann vorsichtig weiter. Nach ein paar Schritten tauchte vor ihr der Umriß einer Hütte aus dem Dunkeln auf. Sie tastete sich an der Wand entlang, bis sie die Tür gefunden hatte, öffnete sie und trat ein. Im Schein einer Tranlampe sah sie auf der einen Seite Felle und Leder hängen, auf der anderen Vorräte lagern — Dörrfleisch und Töpfe voller Fett. Die Frau ging weiter und trat in die Stube. Aber auch hier war keine Menschenseele. ‚Ich werde warten, bis jemand kommt‘, sagte sie sich und setzte sich mit dem Kind auf das Lager aus Rentierfellen.

Es dauerte nicht lange, da klangen von der Tür her Schritte und eine Stimme rief: „Sind hier Menschen?“

Ein Mann schaute zur Tür herein und schien gar nicht überrascht zu sein, als er die Frau und das Kind sah. Dafür aber erschrak die Frau über die Maßen, denn der Mann war schwarz wie ein Rabe. Er zog sich bis zum Gürtel aus und begann sich zu waschen. Und da zeigte sich, daß nur sein Gesicht und seine Hände schwarz waren. Dort, wo die Kleidung seine Haut bedeckte, war sie weiß wie bei anderen Menschen. Die Frau wunderte sich darüber, um so mehr, als die schwarze Farbe von Gesicht und Händen auch beim Waschen nicht abging, aber zu fragen getraute sie sich nicht. Als der Mann sich gewaschen hatte, trat plötzlich ein unsichtbares Wesen herein und reichte ihm eine Schüssel mit gekochtem Fleisch. Der Mann bot erst der Frau davon an, und dann erst langte er selbst zu.

„Wie bist du hierher gekommen?“ fragte er.

Die Frau erzählte ihm alles über sich und ihr Leben.

„Du kannst hierbleiben“, bot er ihr an und machte ihr und dem Kind ein Lager aus Rentierfellen.

Die Frau wollte nicht mehr an das Land denken, aus dem sie gekommen und wo ihr so viel Böses widerfahren war. Sie wollte sich lieber an die Dunkelheit gewöhnen, auch wenn sie in ihrem Inneren fühlte, daß sie nie aufhören würde, sich nach der Sonne zu sehnen. Als der Mann sie nach einiger Zeit bat, seine Frau zu werden, sagte sie ja. Nur eines machte sie stutzig: daß ihr Mann ihr streng verbot, je aus dem Haus zu gehen, und auch darauf bestand, daß ihr Sohn es nie verließ.

Damit sich das Kind nicht langweilte, gab ihm die Mutter die Kugeln zum spielen, die sie am Strand gefunden hatte. Dabei fiel ihr eines Tages deren seltsamer Glanz auf, und als sie sie genauer betrachtete, da erkannte sie, daß es keine gewöhnlichen Kugeln waren.

Die Zeit verging, und die Frau hatte sich damit abgefunden, daß weder sie noch ihr Sohn je die Hütte verlassen durften. Aber es störte sie, daß außer ihr noch jemand in der Hütte zu wirtschaften schien, auch wenn sie niemanden sah. Manchmal standen die Fettöpfe anders, oder in der Tür erschienen Hände und legten ein Fell auf den Boden oder trugen eine leere Schüssel weg.

Die Frau verdächtigte ihren Mann, ihr untreu zu sein und in der Hütte noch eine zweite Frau versteckt zu halten. Oder vielleicht hatte er draußen gar ein zweites Haus, in dem eine andere Frau lebte, und deshalb durfte sie selbst nie hinaus.

Eines Tages sprach sie ihren Verdacht laut aus und verlangte von ihrem Mann, ihr die Wahrheit zu sagen.

„Gut, du sollst alles erfahren“, sagte der Mann nach kurzem Nachdenken. Und dann begann er zu erzählen:

„Auch ich lebte einst in der Welt, in der die Sonne auf- und untergeht. Ich heiratete ein Mädchen, das ich über die Maßen liebte. Aber mit der Zeit wurde sie zänkisch und unausstehlich. Sie machte mir das Leben derart zur Hölle, daß ich eines Tages mit dem festen Vorsatz in die Tundra zog, dort für immer zu bleiben. Doch ich hielt es nicht lange aus und kehrte nach Hause zurück. Ich hoffte, meine Frau hätte inzwischen eingesehen, wie schlecht sie gehandelt, und sich gebessert. Aber das Gegenteil war der Fall. Sie war noch böser zu mir als zuvor. Eines Tages versetzte ich ihr im Streit eine Ohrfeige

und rief, eher wolle ich den Rest meines Lebens auf der einsamsten Insel verbringen, als mit ihr zu leben. Und die Geister nahmen mich beim Wort!

Am nächsten Tag fuhr ich mit meinem Kajak auf Fischfang. Plötzlich wurde ich von einem Sturm überrascht. Die schäumenden haushohen Wellen trieben mein kleines Boot immer weiter vom Festland weg. Ich kämpfte um mein Leben, aber gegen die Strömung des Meeres kam ich nicht an. Da spürte ich plötzlich einen Aufprall, und ich glaubte schon, mein Ende sei gekommen. Als ich wieder zu mir kam, war es Nacht, und ich lag in meinem Kajak an einem fremden Strand. Ich wartete, daß es hell werden würde, aber die Nacht verging nicht. Und als ich lange genug auf den Tag gewartet hatte, da begriff ich, daß es mir bestimmt war, in ewiger Finsternis zu leben. Wovon aber sollte ich mich ernähren? Wie in der Dunkelheit ein Wild erlegen oder Fische fangen? Kaum hatte ich das gedacht, da stieg mir der Duft gekochten Fleisches in die Nase. Ich tastete den Boden neben mir ab und fand eine Schüssel voll Essen. Ich aß es heißhungrig auf und fühlte mich gleich besser. Als sich meine Augen ein wenig an die Dunkelheit gewöhnt hatten, begann ich die Umgebung zu durchforschen, aber nirgends stieß ich auf einen Menschen. Ich rief, schrie — alles vergebens. Es kam keine Antwort.

Wieder überfiel mich die Angst, wovon ich leben sollte, und da duftete es wieder nach Fleisch, und neben mir stand eine volle Schüssel. Seit der Zeit brauche ich mich um nichts zu kümmern. Sobald ich Hunger habe, stellt mir jemand eine Schüssel Fleisch hin."

Der Mann verstummte, um nach einer Weile fortzufahren: „Lange wußte ich nicht, wer das ist. In der Finsternis konnte ich niemanden erkennen. Mit der Zeit gewöhnte ich mich aber an die Dunkelheit und baute mir eine Hütte. Und in die zog mit mir auch der gute Geist ein, der mir von Anfang an beigestanden hatte und dem ich es verdanke, daß ich überhaupt noch lebe. Sehen kann man ihn kaum, nur manchmal sieht man undeutlich zwei Hände und spürt einen Windhauch, wenn er vorbeigeht. Der gute Geist ist es, den du für eine andere Frau in diesem Haus gehalten hast", lachte der Mann.

„Warum aber darf ich mit dem Kind nie hinaus?" fragte die Frau weiter.

„Auch das will ich dir sagen." Der Mann streckte ihr seine schwarzen Hände hin und fuhr sich dann damit über sein Gesicht. „Siehst du, wie schwarz meine Hände und mein Gesicht sind? Ich weiß, daß sie auch dich erschreckt haben, als du sie das erste Mal sahst, und daß du dich erst langsam an sie gewöhnen mußtest. Auch ich war einst weiß wie du. Aber seit ich hier lebe, wurden sie schwarz von der Finsternis. Alles wird hier mit der Zeit schwarz. Die Rentiere haben schwarzes Fell, die Fische schwarze Schuppen und die Vögel schwarze Federn. Und davor wollte ich dich und den Jungen bewahren.“

Als der Mann geendet hatte, stand er auf und führte die Frau in eine Kammer, die bis zur Decke mit Fellen, von den einfachen bis zu den kostbarsten, angefüllt war. Er sagte ihr, sie solle von allen Fellen die Ohrenspitzen abschneiden und sie zu den glänzenden Kugeln, mit denen ihr Sohn spielte, in die hölzerne Schüssel legen.

„Ich weiß, daß du dich vor Heimweh verzehrst, und ich will dich nicht zurückhalten“, sagte er dann. „Ich aber muß hierbleiben, so ist es mir bestimmt. Komm, nimm den Jungen auf den Rücken, ich will dich dorthin führen, von wo du zurückkehren kannst in das Land, aus dem du gekommen bist.“

Er führte sie zum Meer, wo noch immer das Seehundfell lag, auf dem sie hierher gekommen war. Die Frau setzte sich mit dem Kind darauf, und der Mann befahl ihr, die Augen zu schließen.

Im gleichen Augenblick kam ein Wind auf, die Wellen schaukelten das Fell, und die Frau schlief ein.

Als sie erwachte, schaute sie in den hellen Tag. Überall war so viel Licht, daß sie sich erst wieder an die Sonne gewöhnen mußte. Die Frau sah sich um und glaubte zu träumen. Sie war zu Hause, ganz in der Nähe ihres Elternhauses. Sie ging hinein und umarmte ihre Mutter.

Die Kunde von ihrer Rückkehr verbreitete sich mit Windeseile im Dorf, und einer nach dem anderen kam, die Frau zu begrüßen, die sie schon längst für tot gehalten hatten.

Auch ihr erster Mann kam und bat sie, ihm zu verzeihen und wieder seine Frau zu werden. Aber sie traute ihm nicht und blieb mit ihrem Sohn im Elternhaus.

Der Junge wuchs zu einem stattlichen Jüngling heran, und am Abend vor seiner Hochzeit schenkte ihm die Mutter die glänzenden Kugeln aus dem Land der ewigen Finsternis. Aber es waren keine gewöhnlichen Kugeln, sondern Perlen, wie die Eskimos noch nie gesehen hatten, und sie waren so schön, daß sie auf der ganzen Welt nicht ihresgleichen fanden.

WIE ZWEI MÄNNER UM EINE FRAU KÄMPFTEN

Einst lebten im hohen Norden nur Männer.

Bis ihnen eines Tages jemand zutrug, irgendwo im Süden solle eine Frau leben. Einem Jüngling ließ das keine Ruhe, und er machte sich auf, die Frau zu suchen. Viele, viele Tage war er unterwegs, mußte unzählige Hindernisse überwinden, bis er schließlich dort, wo die Tundra in die Taiga übergeht, auf eine einsame Hütte stieß. Und als er einen Blick durchs Fenster warf, da sah er drinnen ein wunderschönes Mädchen in der Stube sitzen und einen Fellanzug nähen.

Der Jüngling trat ein und fragte: „Für wen nähst du den Anzug?"

„Für den, dem er paßt."

Da probierte er den Anzug an, und der saß ihm wie angegossen.

„Ich freue mich, daß er dir paßt. Er gehört dir", sagte das Mädchen.

Der junge Mann heiratete das Mädchen und blieb bei ihr. Er war glücklich und stolz, daß es ausgerechnet ihm gelungen war, die Frau zu finden. Er konnte ja nicht wissen, daß kurz nach ihm noch ein anderer junger Mann ausgezogen war, die Frau zu suchen, von der man sich überall erzählte.

Auch er war viele, viele Tage unterwegs und mußte unzählige Hindernisse überwinden, ehe er an jene Stelle kam, wo die Tundra endet und die Wälder der Taiga beginnen, und dort auf die Hütte stieß. Als er zum Fenster hineinschaute, da sah er drinnen nicht nur die wunderschöne junge Frau, sondern auch den Mann, der ihm zuvorgekommen war.

Der zweite Mann nahm sich vor, die Frau zu entführen, denn er wollte den langen, beschwerlichen Weg nicht umsonst gemacht haben. Bis zum Abend versteckte er sich zwischen den Bäumen, und als das Ehepaar dann eingeschlafen war, schlich er in die Hütte, hob die Frau von ihrem Lager auf und wollte sie hinaustragen. Die Frau begann zu schreien, und davon wurde ihr Mann wach. Mit einem Satz war er bei der Tür und konnte gerade noch ihre Beine packen.

Der andere aber wollte seine Beute nicht loslassen, und so zogen beide aus Leibeskräften — der eine hinein, der andere hinaus —, so lange, bis sie die Frau in zwei Hälften gerissen hatten. Der Entführer lief mit der oberen Hälfte davon und nahm sie mit nach Hause in den Norden, während dem ersten Mann nur die untere Hälfte seiner Frau geblieben war.

Was nun? Beide Männer, der im Norden und der im Süden, hatten ja schließlich eine ganze Frau haben wollen und nicht nur eine halbe. Und beide, der eine in seinem Iglu und der andere in seiner Hütte, riefen am Abend den Guten Geist an, ihnen zu helfen.

Am Morgen gingen beide zur Jagd. Der im Norden aufs Meer, um Robben zu fangen, und der im Süden in die Taiga, den Rentieren nachzustellen. Und beiden widerfuhr etwas Seltsames:

Als der Jäger im Norden endlich eine Robbe in Schußweite hatte, da hob sie den Kopf aus dem Wasser und sprach mit menschlicher Stimme: „Töte mich nicht, oder du wirst nie eine Frau haben."

Und ebenso erging es dem Jäger im Süden. Als er endlich ein Rentier aufgespürt hatte, da bat auch dieses: „Töte mich nicht, oder du wirst nie eine Frau haben."

Natürlich begriffen beide Jäger sofort, daß das keine gewöhnlichen Tiere waren und verschonten sie. Und so sprachen Robbe und Ren gleichermaßen und zur gleichen Zeit: „Nimm Holz und schnitze daraus die fehlende Hälfte. Dann bestreiche beide Hälften mit Fett und füge sie zusammen und du wirst sehen!"

Beide Jäger eilten also nach Hause und machten sich sogleich an die Arbeit. Bis zum Abend hatten sie ihr Werk vollbracht. Der im Norden schnitzte den Unterleib, die Beine und die Füße aus einem Baumstamm, den das Meer angespült hatte, bestrich beide Teile mit Robbenfett und fügte sie zusammen.

Der im Süden schnitzte den Oberkörper aus Lärchenholz, bestrich ebenfalls beide Hälften mit Rentiertalg und fügte sie dann zusammen.

Und wirklich geschah, was Robbe und Rentier versprochen: Beide Frauen wurden lebendig.

Und so waren beide Männer zufrieden, denn jeder hatte nun die Frau, von der er geträumt hatte, für sich.

Aber ein kleiner Unterschied bestand doch:

Die Frau im Süden konnte schlecht nähen, weil ihre hölzernen Finger nicht geschickt genug mit der Nadel umzugehen verstanden. Aber dafür war sie eine ausgezeichnete und leidenschaftliche Tänzerin. Die Frau im Norden konnte zwar wunderschön nähen und sticken, doch dafür lag ihr das Tanzen nicht. Und das ist ja auch kein Wunder — mit hölzernen Beinen tanzt es sich nun mal nicht besonders gut.

DER KURZSICHTIGE

Fünf Jäger fuhren einmal mit ihren Kajaks aufs Meer zum Robbenfang. Die Inseln in Küstennähe waren wie ausgestorben, und so sahen sie sich schließlich gezwungen, zu den weiter draußen liegenden Inseln zu fahren.

Es war schönes Wetter, und die fünf hatten Glück. Auf den fernen Inseln wimmelte es nur so von Robben, und so jagten sie bis zum Abend. Als jeder eine stattliche Anzahl erlegter Tiere hinter seinem Kajak hängen hatte, dachten sie endlich an die Heimfahrt, denn es wurde bereits dunkel.

„Wir sollten lieber hier über Nacht bleiben und erst bei Tag die Heimfahrt antreten", schlug einer der Jäger vor, der den Spitznamen der Kurzsichtige trug, weil er angeblich schlecht sah.

Die anderen aber hatten keine Lust, die Nacht auf der unwirtlichen Insel zu verbringen, zumal der Himmel klar war und das Meer ruhig und sie den Weg kannten. Auf der Heimfahrt kam plötzlich starker Gegenwind auf. Dichte Wolken ballten sich zusammen, und es begann zu regnen. Die Männer mußten, von Wind und Regen gepeitscht, alle Kräfte aufbieten, um nicht auseinandergetrieben zu werden. Als die Wolken für einen Augenblick aufrissen, rief der Kurzsichtige: „Seht ihr den hellen Stern dort? In der Richtung liegt das Land. Wir aber fahren entgegengesetzt!"

„Was phantasierst denn du von Sternen!" lachte ihn einer der Männer aus. „Ich habe bessere Augen als du und sehe nichts. Wir paddeln doch immer noch gegen den Wind."

„Aber der Wind hat sich gedreht. Und den Stern kenne ich, er steht über der Küste", behauptete der Kurzsichtige. Er wendete sein Boot und rief seinen Gefährten zu: „Mir nach!"

Der andere aber schrie in den Wind: „Soll er doch fahren, wohin er will, wer sich retten will, der folge mir!"

Nur ein einziger Jäger schloß sich dem Kurzsichtigen an. Es dauerte nicht lange, und ihre Kajaks stießen an Land. Die beiden Männer zogen die Boote und den reichen Fang an den Strand und lagen schon bald darauf in ihren Zelten in tiefem Schlaf. Die drei anderen aber sahen am Morgen, als es hell wurde, nichts als das weite Meer um sich.

„Findest du überhaupt je nach Hause?" wandte sich schließlich einer der drei an den, der sie bisher angeführt hatte. „Wir paddeln und paddeln, und nirgends Land. Der Kurzsichtige und der, der auf ihn gehört hat, sind vielleicht schon lange zu Hause."

„Vielleicht aber auch nicht", versetzte der Anführer, und auf einmal störte ihn, daß der dritte bisher mit keinem Wort Partei ergriffen hatte.

„Warum schweigst du?" fuhr er ihn an. „Du bist der Sohn des Schamanen und hast deinem Vater bestimmt so manches abgeguckt. Du mußt doch einen Zauber kennen, der uns den Weg weist."

„Wir hätten auf den Kurzsichtigen hören sollen. Es mag schon sein, daß ihm der Sternenhimmel vor den Augen verschwimmt wie die unendliche Fläche des Ozeans. Aber vielleicht ist es auch so, daß der Stern über der Heimat, von dem er gesprochen, anders strahlt als die übrigen und dieses Licht sich ihm eingeprägt hat, während wir, die wir gut sehen, es nie besonders bemerkt haben."

So sprach der schweigsame Schamanensohn, und der erste Mann, dem diese Worte ganz und gar nicht gefallen wollten, erwiderte bissig: „Wenn du so schlau bist, warum hast du dann die ganze Zeit über geschwiegen? Warum hast du nicht deine Meinung gesagt?"

„Hast du mich denn danach gefragt? Du wolltest doch nur Zustimmung hören. Wolltest nur hören, daß wir dir vertrauen."

„Aber jetzt frage ich dich: Traust du dir zu, uns sicher nach Hause zu führen? Unsere Vorräte gehen zu Ende, bald werden wir weder zu essen noch zu trinken haben. Wir sind durchfroren und naß. Unsere Arme erlahmen und werden starr, und das Gewicht der Robben, die wir hinter uns herziehen, geht langsam über unsere Kräfte. Also schweige nicht länger, sondern zeig, was du kannst!"

„Gut, ich will es versuchen", erklärte der wortkarge Schamanensohn. Er hob den Kopf und schaute hinauf in den Himmel. Dann starrte er wieder hinab in die Meerestiefe. Er zog die Kapuze tief in die Stirn und begann unverständliche Worte zu murmeln. Schließlich tauchte er seine Hände zu beiden Seiten des Bootes ins Wasser, schloß die Hände zu Fäusten und sagte: „In der einen Hand halte ich die Erde, in der anderen das Meer."

Er öffnete die Fäuste, und in der linken Hand hatte er Sand, in der rechten Wasser.

Wieder tauchte er die Hände ins Wasser, schloß sie zu Fäusten und wiederholte: „In einer Hand halte ich die Erde, in der anderen das Meer."

Als er die Fäuste öffnete, da hatte er in der linken Hand ein paar Grashalme und in der rechten Wasser.

Zum dritten Mal schöpfte er zu beiden Seiten des Bootes gleichzeitig Wasser aus dem Meer und wiederholte seinen Spruch. Er öffnete die Fäuste — in der linken Hand lag ein Büschel Rentierhaare, und in der rechten war wieder nur Wasser. Daraufhin wandte sich der Schamanensohn an die Männer und sagte: „Das Land liegt zu meiner Linken. Wir müssen jene Richtung einschlagen, in die meine linke Hand zeigt."

Die Männer befolgten seinen Rat. Den ganzen Tag paddelten sie und noch die ganze Nacht. Und als der neue Tag heraufzog, da sahen sie endlich Land vor sich und legten schließlich total erschöpft in der Nähe ihres Dorfes an.

Sie wurden mit großem Jubel empfangen, denn alle hatten schon die Hoffnung aufgegeben, sie je wiederzusehen. Unter der frohen Menge stand auch der Kurzsichtige.

„Seht ihn euch nur an", sagte der zweite von den drei Robbenjägern, als sie wieder festen Boden unter den Füßen hatten. „Er soll kurzsichtig sein, und dabei sieht er besser als wir drei zusammen."

„Du hättest ebensogut auch draußen bleiben können!" sprach der Mann, der sie beinahe ins Verderben geführt hätte. „Schließlich sind wir ja doch sicher heimgekehrt!"

„Du unterschätzt Scharfsinn, Erfahrung und Gedächtnis des Menschen", wandte der Schamanensohn ein, ohne daß seine Worte vorwurfsvoll geklungen hätten.

„Und dein Zauber?"

„Was für Zauber? Um einer Robbe das Fell abzuziehen, brauchst du auch keine Zauber."

„Und der Sand, das Gras und die Rentierhaare in deiner Hand?"

„Den Sand, den die Wellen mit sich führen, spült die Ebbe vom Strand, das Gras wächst am Ufer, und die Rentiere leben auch nicht im Meer", erklärte der Schamanensohn und zog schweigend seinen Fang an Land.

WIE DREI BRÜDER HEIRATETEN

Es waren einmal drei Brüder, und als sie im Mannesalter standen, da hätten sie gern jeder einen eigenen Hausstand gegründet.

„Es ist an der Zeit, daß wir heiraten“, sagte eines Tages der Älteste.

„Du hast recht, Bruder“, stimmten die beiden anderen zu. „Aber wo nehmen wir Bräute her?“

„Wir müssen uns welche suchen“, erklärte der Älteste.

„Ja, wir müssen uns welche suchen“, gaben die jüngeren Brüder ihm recht. „Aber wo?“

„Das sollen uns unsere Pfeile verraten“, entschied der Älteste.

Sie fertigten sich neue Bögen und Pfeile und gingen auf die nächste Anhöhe. Als erster war der älteste Bruder an der Reihe. Er spannte den Bogen, und sein Pfeil schnellte so kraftvoll von der Sehne, daß sie ihn bald aus den Augen verloren hatten.

Sie schlugen die Richtung ein, in der der Pfeil verschwunden war. Den ganzen Tag gingen sie, bis sie gegen Abend zu einer Hütte kamen, vor der sie ein hübsches junges Mädchen empfing.

„Sag, ist vielleicht mein Pfeil zu dir geflogen?“ fragte der älteste Bruder.

„Einen Pfeil habe ich wohl gefunden, aber ob es deiner ist, das weiß ich nicht.“

„Zeig ihn uns!“

Das Mädchen ging in die Hütte hinein und trat gleich darauf wieder mit dem Pfeil in der Hand zu ihnen.

„Ja, das ist mein Pfeil!“ rief der Älteste erfreut. „Er hat mich zu dir geführt, und deshalb sollst du meine Frau werden!“

Am nächsten Morgen nahmen die Brüder Abschied voneinander. Der Älteste blieb bei seiner Frau in der Hütte, und die beiden anderen stiegen auf die nächste Anhöhe.

„Jetzt bin ich an der Reihe“, erklärte der zweitälteste Bruder und spannte den Bogen. Der Pfeil schoß sausend gen Himmel und verschwand dann in der Ferne ihren Augen.

Die Brüder gingen wieder in die Richtung, die ihnen der Pfeil gewiesen. Sie wanderten den ganzen Tag, und als der Abend langsam hereinbrach, standen sie vor einer einsamen Hütte. Und aus der trat ihnen ein schönes junges Mädchen entgegen.

„Sag, hast du nicht einen Pfeil gefunden?“ fragte der mittlere Bruder.

„Ja, das habe ich.“

„Gib ihn mir zurück!“

„Warum? Ich habe ihn gefunden, also gehört er mir.“

„Wenn es so ist, dann gehöre ich dir auch, und du wirst meine Frau.“

„Von Herzen gern“, lachte das Mädchen, dem der stattliche junge Mann gefiel.

Der zweitälteste Bruder blieb für immer in der Hütte, und der Jüngste zog am Morgen weiter. Er stieg auf eine nahe Höhe, schaute sich nach allen Seiten um und schoß seinen Pfeil ab.

„Flieg, so weit du kannst, und finde mir eine Braut, die noch viel schöner ist als die Frauen meiner Brüder!“ rief er dem Pfeil nach und verfolgte ihn mit den Augen so lange, bis er ihn nicht mehr sehen konnten. Dann schritt er vergnügt aus, immer dem Pfeil nach.

Gegen Mittag kam er zu einer Hütte, vor der saß ein wunderschönes Mädchen und nähte. ‚Ach, ist die schön! Ich bekomme wirklich die hübscheste Frau von allen!‘ freute sich der jüngste Bruder.

„Wo ist mein Pfeil?“ rief er ungeduldig, als er vor dem Mädchen stand.

„Was für ein Pfeil?“

„Na, mein Pfeil, der zu dir geflogen ist.“

„Ich weiß nicht, wovon du sprichst. Ich habe keinen Pfeil gesehen.“

„Aber du solltest doch meine Frau werden!“

„Ich?“ meinte das Mädchen verwundert. „Wie könnte ich deine Frau werden, wo ich doch längst verheiratet bin!“

„Aber wo ist dann mein Pfeil geblieben?“ fragte der junge Mann traurig.

„Woher soll ich das wissen?“ sagte die Frau und ließ ihn einfach stehen.

Da mußte der jüngste Bruder wohl oder übel weiterziehen. Traurig stolperte er über Stock und Stein, achtete kaum des Wegs, bis er zu einer armseligen Hütte kam. Wie er die baufällige Behausung noch unentschlossen betrachtete, trat eine Frau heraus, die man beim besten Willen weder jung noch hübsch hätte nennen können.

„Suchst du etwas?“ fragte sie.

„Ja, meinen Pfeil. Hast du ihn nicht gesehen?“ antwortete er zögernd.

„Zufällig ja.“

„Und wo?“

„Dort, wo du ihn am allerwenigsten vermuten würdest.“

„Und wo ist das?“

„Du brauchst ja nur deine Augen richtig aufzumachen!“

Aber soviel der Jüngling sich auch umschaute, er konnte keinen Pfeil entdecken.

„Sieh dorthin!“ sagte die Frau schließlich und zeigte zu dem nahen See, aus dessen Mitte tatsächlich das Pfeilende herausragte.

„Bring ihn mir!“ verlangte der jüngste Bruder.

„Hol ihn dir doch selbst, wenn du ihn haben willst!“

Der Jüngling ging zum See. Am Ufer zog er sich die Schuhe aus und stieg ins Wasser. Doch das reichte ihm schon nach wenigen Schritten bis zur Brust und schließlich bis zum Hals. Da wagte er sich nicht mehr weiter und kehrte wieder um.

„Bitte, bring mir doch den Pfeil“, bat er die Frau abermals.

„Hol ihn dir nur selbst, damit du es später nicht bereust.“

„Der See ist zu tief, ich komme an den Pfeil nicht heran.“

„Also gut“, erklärte die Frau. „Ich hole ihn dir. Aber nur, wenn du mich dann zur Frau nimmst.“

Der junge Mann überlegte ein Weilchen und sagte dann: „Gut, ich heirate dich.“

Die Frau zog ihre Schuhe aus und stieg in den See. Und seltsamerweise reichte ihr das Wasser kaum bis zum Knöchel. Sie watete bis zu dem Pfeil hin, zog ihn heraus und brachte ihn dem jungen Mann.

Der jüngste der drei Brüder riß ihr ungeduldig den Pfeil aus der Hand, drehte sich auf der Stelle um und rannte davon. Er dachte ja gar nicht daran, sein Versprechen einzulösen und die Frau zu heiraten, die so gar nicht seiner Vorstellung entsprach.

Aber weit kam er nicht. Schon nach wenigen Schritten spürte er, wie seine Beine schwer und schwerer wurden, und plötzlich konnte er sich nicht mehr von der Stelle rühren. Er war wie ein Baum mit der Erde verwachsen.

Die Frau trat zu ihm und betrachtete ihn höhnisch.

„Du wolltest mich betrügen. Deshalb wirst du hier stehenbleiben bis zum jüngsten Tag."

Wenn man sie schon vorher nicht hübsch hätte nennen können, so wurde sie bei diesen Worten die Häßlichkeit in Person. Ihr zotteliges Haar fiel ihr ins Gesicht, die Augen schielten jedes in eine andere Richtung, und im Mund standen schwarze Zahnstümpfe.

Dem Jüngling hätten vor Abscheu sicher die Knie gezittert, wären seine Beine nicht steif gewesen und fest mit der Erde verwachsen. Von allen Brüdern hatte er das meiste gewollt und mußte sich nun mit weniger als wenig begnügen, wenn er nicht für alle Zeiten hier stehen wollte. Aber er liebte das Leben, und so ergab er sich in sein Schicksal und sagte: „Ich nehme dich gern zur Frau, nur erlöse mich!"

„Also gut", knurrte die Frau, murmelte ein paar Worte und zog ihn dann am Ohr mit sich in die Hütte.

Kaum aber hatten die beiden die Schwelle überschritten, da verwandelte sich das häßliche Wesen in ein junges Mädchen, das viel schöner war als die hübschen Frauen der beiden älteren Brüder. Ein böser Vielfraß hatte sie einst zur Häßlichkeit verurteilt, weil sie ihn nicht hatte heiraten wollen. Erst ein Jüngling, der sie in dieser Gestalt zur Frau nehmen würde, konnte die böse Macht und den Fluch des Vielfraßes brechen.

Staunend starrte der jüngste Bruder seine hübsche junge Frau an und konnte sein Glück gar nicht fassen.

DER RABE UND DIE GANS

Es war einmal ein Rabe, der lebte lange allein. Und weil er faul war und bequem, geschah es gar oft, daß er nichts zu essen hatte.

‚Ich sollte heiraten', fiel ihm da eines Tages ein. ‚Wenn ich eine Frau hätte, müßte die für mich sorgen, und ich brauchte gar nichts mehr zu tun. Ja, das wäre ein Leben nach meinem Geschmack!'

Wie gedacht, so getan. Er flog sogleich zu einer jungen Gans, die ihm schon lange gefiel, und hielt um deren Hand an.

Die Gans schenkte seinen Liebesschwüren Glauben und wurde seine Frau. Aber sie mußte schon bald erkennen, daß sie mit dem Raben keinen guten Fang gemacht hatte. Er kommandierte sie nur ständig herum, verlangte dies und jenes, und wenn nicht alles nach seinem Kopf ging, wurde er auch noch ausfällig.

‚Im Herbst fliege ich mit den anderen Gänsen in den Süden, der Rabe wird sich eine andere Frau suchen, und dann habe ich meine Ruhe', tröstete sich die Gans, wenn es gar zu arg wurde. Und flog im Herbst davon.

Der Rabe fand wirklich eine andere Frau, aber die durchschaute ihn noch schneller und verließ ihn schon nach kurzer Zeit.

Als nun die Gans im Frühjahr zurückkehrte, da wartete der Rabe schon auf sie und beschwor sie, ihm wieder gut zu sein, weil er ohne sie nicht leben könne. Er wolle sich auch ganz bestimmt bessern. Die Gans ließ sich überreden. Aber bald hatte der Rabe seine Versprechen vergessen, und alles begann von vorn: Der Rabe faulenzte und kommandierte, und die Gans mußte ihm gehorchen.

Wieder nahte der Herbst und damit der Flug der Gänse.

„Diesmal fliege ich mit dir!" erklärte der Rabe.

Die Gans erschrak. Das hatte ihr gerade noch gefehlt, wo sie doch froh war, den Quälgeist endlich für immer loszuwerden.

„So weit und so lange kannst du gar nicht fliegen", suchte sie den Raben zu überzeugen.

„Ich kann ja unterwegs öfter eine Rast einlegen und mich ausruhen", widersprach der Rabe.

„Und wenn wir über dem Meer fliegen, wo willst du dich dann ausruhen? Wir können schwimmen und uns aufs Wasser setzen. Aber du?"

„Ich werde eben einfach im Flug ausruhen!" erklärte der Rabe, der immer etwas zu antworten wußte.

Als die Zeit gekommen war, brachen die Gänse auf, und der Rabe flog mit ihnen. Immer, wenn sie eine längere Strecke geflogen waren, bat der Rabe sie, eine Ruhepause einzulegen, und die ganze Schar mußte seinetwegen den Flug unterbrechen. Und es fand sich auch immer ein Plätzchen, wo sie sich setzen konnten.

Dann aber lag unter ihnen das weite Meer. Nach einiger Zeit ließen sich die Gänse aufs Wasser hinab, um sich dort vom Fliegen auszuruhen. Der Rabe aber, der ja nicht schwimmen konnte, kreiste über ihnen. Er war am Ende seiner Kräfte und todmüde. Ein paarmal wäre er fast im Flug eingeschlafen und ins Wasser gestürzt.

Da hatte seine Frau eine Idee. Sie flüsterte der nächsten Gans etwas zu und sagte dann zu dem Raben: „Du kannst dich uns beiden auf den Rücken setzen, wenn du müde bist."

Als der Rabe erfreut ihren Rat befolgen wollte, da schwammen die beiden Gänse im letzten Augenblick schnell auseinander, und der Rabe fiel ins Wasser und ertrank.

DIE IRRFAHRT DES ROBBENFÄNGERS

Einst lebte in einer kleinen Hütte eine alte Frau mit ihrem Enkel. Die Armut schaute ihnen zum Fenster hinein, die Not aß mit ihnen aus einer Schüssel, denn die Alte hatte weder Mann noch Sohn, die für sie hätten sorgen können. Im Dorf munkelte man, sie sei eine Zauberin, und das war auch wahr, aber gegen Hunger und Not waren ihre Zauberkünste machtlos.

Der Junge trug immer einen Anzug, den ihm die Großmutter aus Vogelbälgen genäht hatte. Die Vögel hatte er selbst mit einem großen Vogelnetz gefangen. In diesem Aufzug gab er natürlich eine vortreffliche Zielscheibe für große und kleine Spötter ab. Sobald sich Utek, so hieß der arme Junge, draußen sehen ließ, zogen ihn nicht nur die anderen Kinder, sondern auch manch erwachsener Mann an der Jacke und lachten ihn aus. Nur ein Robbenjäger namens Kiwik mochte ihn und nahm ihn in Schutz. Aber auch er konnte den Jungen nicht vor Spott und Hohn bewahren. Oft kam Utek weinend und mit zerrissener Jacke nach Hause. Die Großmutter nähte ihm dann eine neue und bat die Leute, Utek in Ruhe zu lassen. Allein, ihre Bitten halfen nichts, im Gegenteil, es wurde dadurch nur noch schlimmer.

Nun hätte die alte Zauberin ja schon längst alle, die ihrem Enkel derart zusetzten, bestrafen können, aber sie hoffte immer noch, die Leute würden mit der Zeit von selbst zur Vernunft kommen. Doch als alles Bitten und Zureden nichts half und Utek wieder einmal weinend nach Hause kam, da riß ihr die Geduld, und sie schwor bittere Rache.

„Der Sturm soll euren Hohn hinwegfegen und das Meer eure Bosheit verschlingen!“ schrie sie wütend und drohte mit der Faust zum Dorf hin.

Und unverzüglich ging sie daran, ihre Drohung in die Tat umzusetzen. Sie goß etwas Wasser auf den Fußboden und belehrte Utek, was geschehen würde und wie er sich verhalten sollte. Dann befahl sie ihm, sich in die Pfütze zu stellen, und kaum hatte er das getan, da tat sich die Erde unter ihm auf und verschlang ihn. Aber nicht für lange. Schon kurz darauf tauchte er in Gestalt einer jungen Robbe im nahen Küstenwasser auf und tollte verspielt in den seichten Wellen umher. Die Leute sahen ihn und riefen einer dem anderen zu: „Eine Robbe! Seht nur, eine Robbe!"

Die Männer griffen zu Speer und Harpune und sprangen in ihre Boote. Utek in Robbengestalt tauchte schnell unter und schwamm weiter hinaus, so, wie die Großmutter es ihm geheißen. Die Jäger ihm nach. Wenn er nach oben mußte, um Luft zu holen, tauchte er jedesmal dicht bei den Kajaks auf und trieb seinen Schabernack mit den Jägern. Aber ehe diese ihre Harpunen schußbereit hatten, war er längst wieder weit vorn. So ging es immer weiter, bis er sie weit hinaus aufs offene Meer gelockt hatte.

Und dort brach plötzlich aus heiterem Himmel ein fürchterlicher Sturm über sie herein. Der Wind peitschte, aus den Wolken stürzte der Regen herab, und das Meer tobte wie noch nie. Eine Welle nach der anderen brauste heran, türmte sich hoch auf und stürzte dann schäumend in die Tiefe. Vergeblich kämpften die Männer gegen die Naturgewalten an. Die Wellen rissen ein Kajak nach dem anderen mitsamt seinen Insassen in die Tiefe.

Als sich der Sturm gelegt hatte, schwamm eine junge Robbe an die Oberfläche und verwandelte sich in den Jungen Utek, der trockenen Fußes über das Wasser an Land und dann nach Hause lief. Seit der Zeit hatte er seine Ruhe. Niemand hänselte ihn mehr oder zerriß ihm die Kleider, denn seine Peiniger waren alle ertrunken.

Nun war aber auch Uteks Beschützer Kiwik hinausgefahren. Er war gerade von der Jagd heimgekehrt und auf dem Weg zu Utek, dem er ein Stück Rentierfleisch bringen wollte, als er bemerkte, wie vom Inland her ein Sturm aufzog. Und weil er ein tapferer und hilfsbereiter Mann war, sprang er schnell in sein Kajak und fuhr den anderen nach, um sie zu warnen. Er konnte ja nicht wissen, was es mit dem Unwetter auf sich hatte und daß das, was da heraufzog, kein gewöhnlicher Sturm war.

Und so geschah es, daß er sich plötzlich mitten im tosenden Meer befand, aber von den Männern, die die Robbe verfolgt hatten, war weit und breit keine Spur mehr. Nur ihn hatte das Meer nicht verschlungen.

Endlich legte sich der Sturm, die Wellen glätteten sich, und Kiwik konnte erleichtert aufatmen. Da aber senkte sich plötzlich Nebel herab, so dicht und undurchdringlich, daß man die Hand nicht vor Augen sah.

Drei Tage und drei Nächte irrte er so auf dem Meer umher. Erst dann riß der Nebel auseinander und er sah in der Ferne Land.

Hoffnungsvoll lenkte er sein Boot in jene Richtung, doch da kam erneut ein Sturm auf und peitschte das Meer. Haushohe Wellen spielten mit dem Boot, so daß Kiwik verzweifelt um sein Leben kämpfen mußte.

In der größten Not fiel ihm plötzlich der weiße Bär ein, dem er einst das Leben geschenkt und der ihm versprochen hatte, ihm diese gute Tat zu vergelten, und er rief flehend: „Weißer Bär, hilf mir!"

Aber der weiße Bär war weit weg auf dem Eis. Als er fast mit seinen Kräften am Ende war und den Kampf schon aufgegeben hatte, da legte sich der Sturm so plötzlich, wie er gekommen war. Kiwik konnte es kaum fassen, daß er noch am Leben war. Sanft wiegten die Wellen sein Boot, und nur einen Steinwurf weit sah er das Land. Langsam paddelte er in eine kleine Bucht und zog den Kajak ans Ufer.

Nach langer Zeit hatte er wieder festen Boden unter den Füßen. Er schaute sich neugierig um und entdeckte eine kleine Hütte. Als er auf ein paar Schritte heran war, trat ein altes Mütterchen heraus.

„Komm herein", begrüßte sie ihn, als hätte sie ihn schon erwartet. Sie geleitete ihn freundlich hinein, zog ihm die nassen Fellschuhe aus und hängte sie über eine Stange, die neben der Feuerstelle angebracht war. Dann bereitete sie ihm schnell etwas zu essen.

Kiwik langte tüchtig zu und dann ruhte er sich aus. Inzwischen waren die Schuhe trocken. Und so stand er auf und wollte sie abnehmen. Doch als er die Hand nach ihnen ausstreckte, da fuhr die Trockenstange mitsamt den Schuhen nach oben. Er setzte sich wieder auf seinen Platz, und die Stange kam wieder herab. Kiwik warf der Alten einen fragenden Blick zu, aber die tat, als hätte sie nichts bemerkt.

„Gib mir meine Schuhe", bat er sie, nachdem sich das Spiel mit der Stange ein paarmal wiederholt hatte.

„Nimm sie dir doch selbst, sie hängen dir ja direkt vor der Nase", antwortete die Alte und ging hinaus.

Er versuchte es also von neuem, und die Stange wich ihm wieder aus und verschwand in der Höhe.

„So gib mir endlich meine Schuhe!“ rief er ärgerlich der Alten zu.

„Setz dich auf den Platz, wo ich gesessen habe, dann wird es schon gehen!“ lautete die Antwort von draußen.

Kiwik befolgte den Rat, so daß er jetzt mit dem Rücken zur Tür saß. Aber auch das nützte ihm nichts. Die Stange ließ sich nicht greifen. Nun wurde es ihm langsam unheimlich. Ahnungsvoll drehte er sich nach der Alten um und sah, wie die lauernd neben der Tür stand und schnell einen blitzenden Gegenstand hinter ihrem Rücken verbarg. ‚Sicher will sie mich töten, und die Stange soll mich nur ablenken!‘ erschrak er und dachte an den Bären, der ihm Hilfe in der Not versprochen hatte.

„Weißer Bär, hilf mir!“ rief er laut.

Im gleichen Augenblick klang draußen ein tiefes Brummen, erst leise, dann immer lauter, bis es zu einem furchterregenden Brüllen anschwoll.

Die Alte stürzte in die Stube und zur Stange hin.

„Hier hast du deine Schuhe!“

Kiwik nahm schnell seine Sachen an sich und rannte hinaus. Er rannte zu der Bucht, wo er seinen Kajak liegen hatte. Inzwischen hatte sich die Alte von ihrem Schreck erholt, und als sie nirgends einen Bären sah, rannte sie dem Mann mit dem Messer hinterher. Kiwik nahm schnell seinen Speer aus dem Boot und schwang ihn drohend gegen die Alte.

„Keinen Schritt weiter!“

Die Alte wich zurück, und dabei stolperte sie über einen Stein, fiel hin und zerbrach ihr Messer.

Kiwik kümmerte sich nicht weiter um sie. Er bestieg schnell sein Boot und stieß sich von dem ungastlichen Ufer ab, das er so schnell wie möglich hinter sich bringen wollte.

Da hörte er vom Land her eine Stimme, ein Brummen, das immer leiser wurde, als ob es sich in der weiten Ebene verlöre: „Halte dich in Ufernähe“, hallte die Stimme ihm nach, „und gehe nirgends an Land und hüte dich, durch eine fremde Tür zu gehen!“

Kiwik schüttelte verwundert den Kopf und dachte über die Worte des Bären nach, deren Sinn er nicht verstehen konnte. Hatte er sich etwa an die Böse-Weiber-Küste verirrt, von der die alten Männer im Dorf an den langen Winterabenden manchmal erzählt hatten? Dort sollten alleinstehende alte Weiber leben, die in ihrer Jugend so böse gewesen waren, daß kein Mann sie hatte heiraten wollen. Und nun lauerten sie dort an jener Küste auf verirrte oder gestrandete Robbenfänger und zwangen diese, sie zu heiraten und für sie zu sorgen. Und wenn so ein Unglücklicher sich weigerte, töteten sie ihn. Und manche trieben ihren Haß soweit, daß sie jeden, dessen sie habhaft werden konnten, ums Leben brachten. So jedenfalls hatte es Kiwik von den Alten im Dorf gehört.

Bald hatte er die Worte des Bären vergessen. Viele Tage und Nächte paddelte er an der Küste entlang. Und als er eines Abends, als er vor Hunger und Erschöpfung kaum noch weiterkonnte, in der Ferne ein Licht sah, ging er an Land und dem Licht nach, bis er zu einer Hütte kam. Er schaute durchs Fenster hinein und sah drinnen zwei Frauen, eine junge und eine alte. Hungrig und durchfroren, wie er war, klopfte er an.

In der Hütte lebten Mutter und Tochter. Die Tochter hatte einen seltsamen Mann: einen Baumstamm, der einst an Land gespült worden war. Aus dem Stamm ragten vier Aststümpfe, das waren die Arme und Beine des Mannes. Bei Ebbe trugen ihn die Frauen ins Meer, und das nahm ihn hinaus. Am Abend kam der Baummann mit der Flut wieder zurück, und auf jedem Stumpf war ein Fisch oder eine Robbe aufgespießt. So ernährte dieser seltsame hölzerne Mann seine Frau und deren Mutter.

Kiwik hatte es nicht eilig mit der Heimfahrt. Er war froh, sich erst einmal ausruhen zu können von dem langen Umherirren auf dem Meer. Und zu essen gab es ja auch für ihn genug. Er brauchte sich um nichts zu kümmern.

Eines Morgens warfen die Frauen wieder den Baumstamm ins Meer, und das war das letzte Mal, daß sie ihn sahen. Er schwamm davon und kam nicht wieder.

Wer sollte nun dafür sorgen, daß genug zu essen im Haus war, wenn nicht Kiwik? Er war ein guter Robbenfänger, Fischer und Jäger. Tag für Tag fuhr er mit seiner Harpune aufs Meer und kam immer mit reichem Fang zurück. Aber glücklich fühlte er sich nicht. Er sehnte sich nach seiner Frau und seinem kleinen Sohn, die zu Hause auf ihn warteten.

Als nach einiger Zeit die junge Witwe in ihn drang, er solle sie heiraten, sagte er sich, daß es höchste Zeit sei zu verschwinden. Doch der Winter nahte, und so brauchte er für die lange Fahrt mehrere Paar Handschuhe, damit ihm die Hände nicht abfroren. Deshalb erklärte er jedesmal, wenn er heimkehrte, seine Handschuhe verloren zu haben, und die Frauen mußten ihm neue nähen, die er dann, ein Paar nach dem anderen, in der Spitze seines Kajaks versteckte.

Einmal, als er wieder vom Fang heimkehrte, erwarteten ihn am Strand nicht beide Frauen, wie sonst, sondern nur die Mutter. Sie half ihm beim Ausladen und machte ihm dann das Essen zurecht. Auf die Frage, wo ihre Tochter sei, antwortete sie ausweichend, die sei irgendwohin gegangen. Und als er wissen wollte, wohin, sagte sie schließlich: „Was kümmert's uns? Sie ist verschwunden, genauso wie einst mein Mann, und kommt nicht wieder. Jetzt werden wir beide zusammen leben. Du wirst mein Mann!"

Kiwik wollte seinen Ohren nicht trauen. Die junge Witwe hatte ihm schon nicht gefallen, und jetzt sollte er die Alte heiraten? Auf einmal kam ihm ein schrecklicher Verdacht. Er ging hinaus und fand hinter der Hütte eine Blutlache. Die Alte hatte ihre Tochter getötet! Sicher war ihr Mann auf die gleiche Weise verschwunden. Vielleicht war er auch ein verirrter Robbenfänger gewesen, der nicht rechtzeitig hatte fliehen können. Und ihn würde über kurz oder lang das gleiche Schicksal ereilen! Es war also wahr: Er befand sich an der Bösen-Weiber-Küste!

Kiwik brach der Angstschweiß aus. Er drehte sich entsetzt um und wollte zum Strand fliehen, zu seinem Kajak.

Da aber kam auch schon die Alte aus der Hütte gestürzt mit einem langen Messer in der Hand.

„Weißer Bär, hilf!" rief Kiwik in seiner Not.

Im gleichen Augenblick stand ein riesiger weißer Bär zwischen ihm und der Alten, und die rannte entsetzt in ihre Hütte zurück und schlug die Tür hinter sich zu.

Kiwik stieg in sein Boot und tauchte die Paddel ins Wasser, um so schnell wie möglich davonzufahren.

„Denke an meinen Rat!" mahnte die Stimme des Bären hinter ihm. „Lege an keinem fremden Strand an und tritt durch keine fremde Tür! Ein drittes Mal kann ich dir nicht mehr helfen."

Wieder fuhr Kiwik Tage und Nächte und mußte vielen Gefahren trotzen. Er hielt sich immer in Küstennähe, und eines Tages sah er direkt am Meer ein menschliches Anwesen. Schon wollte er sein Boot zum Land hin lenken, um sich ein wenig auszuruhen und zu stärken, aber im letzten Augenblick besann er sich doch und rief in den Wind, der vom Land her wehte:

„Keine Angst, weißer Bär, mein treuer Beschützer, das dritte Mal legt Kiwik erst am heimatlichen Strand an!"

Im gleichen Augenblick spürte er neue Kraft in seinen Armen, Schwäche und Müdigkeit waren wie weggeblasen. Und er paddelte kraftvoll und unermüdlich so lange, bis er endlich Land sah, das ihm bekannt war. Er war zu Hause!

Vom Land her beobachteten ihn Leute. Sie waren neugierig, wer da zu ihnen gefahren kam. Er winkte ihnen zu, und da erkannten sie ihn.

„Kiwik kehrt heim!“ jubelten sie. Und als er endlich angelegt hatte, da umringten sie ihn und begrüßten ihn stürmisch. Allen voran seine Frau und sein Sohn, den er kaum wiedererkannt hätte, so groß war der geworden.

Und dann stand da noch ein junger Mann in einem Pelzmantel und Seehundstiefeln.

Utek!

Der freute sich am meisten von allen über Kiwiks Rückkehr.

DES ZWERGEN DANK

Einmal waren ein paar Jäger zum Robbenfang ausgefahren und auf dem Meer von einem Sturm überrascht worden. Einen der Männer verschlug es auf eine entfernte, unbekannte Insel. Er wußte nicht, wie er wieder nach Hause finden sollte.

„Nimm mich mit!" ertönte es da plötzlich über ihm. Er blickte hoch und sah auf einer Klippe ein kleines Männlein sitzen.

„Was machst du denn dort?" fragte der Jäger.

„Der Sturm hat mein Boot zertrümmert", antwortete das Männlein, „und nun warte ich darauf, daß mich jemand zum Festland mitnimmt."

„Ich nehme dich gern mit, nur weiß ich nicht, wie ich hinfinden soll."

„Das laß nur meine Sorge sein!"

Der Mann hatte noch nie einen so kleinen Menschen gesehen. Er beschaute sich den Zwerg eine Weile neugierig, dann streckte er ihm sein Paddel hinauf, und das Männlein kletterte daran ins Boot.

„Ich bin leicht, du wirst mein Gewicht gar nicht spüren", erklärte es. „Aber ich kann auch schwer sein, wenn ich will."

„Du?" meinte der Jäger und lächelte ungläubig, weil der Zwerg ihm ja kaum bis zum Knie reichte.

„Du glaubst mir nicht?" fragte der Zwerg und holte tief Luft. Da wurde er so schwer, daß der Kajak tiefer und tiefer sank und bis zum Rand im Wasser lag.

„Hör auf!“ rief der Jäger erschrocken. „Wir ertrinken ja!“

„Ach wo, wir ertrinken nicht.“ Der Zwerg atmete aus, und das Boot schwamm wieder oben auf dem Wasser.

Der Mann stieß vom Ufer ab, und der Zwerg wies ihm die Fahrtrichtung. Es dauerte nicht lange, da war Land in Sicht. Der Jäger erkannte das heimatliche Ufer, wo unweit sein Wohnplatz lag. Aber erst wollte er den Zwerg nach Hause bringen. So fuhren sie in eine kleine Bucht ein, wo sie jubelnd von den Verwandten und Freunden des kleinen Mannes begrüßt wurden, die ihn schon tot geglaubt hatten. Die Zwerge bewirteten den Jäger reichlich und gaben ihm auch viele Geschenke mit.

Das seltsamste Geschenk erhielt er zum Abschied von dem Zwerg, den er gerettet hatte. Eine Weidenpfeife, nicht größer als der Nagel seines kleinen Fingers. Diesmal aber lächelte der Jäger nicht über die Gabe. Er hatte sich ja schon davon überzeugen können, daß das Männlein über ungewöhnliche Fähigkeiten verfügte. Auch wenn er nicht wußte, wozu das Pfeifchen gut sein sollte, verbarg er es doch sorgfältig in seiner Fellmütze, damit es ja nicht verloren ging.

„Wenn du einmal in Not bist, so denke an mich, und ich werde dir deine Hilfe vergelten. Die Pfeife hat die Macht, mich herbeizurufen, denn sie ist aus dem Holz einer Weide, die nur alle sieben Jahre grünt. Du brauchst nur dreimal darauf zu pfeifen, dann wirst du sehen, was geschieht.“

So sprach der Zwerg und winkte seinem Retter noch lange nach.

Als der Jäger ins Dorf zurückkehrte und von seinem ungewöhnlichen Abenteuer mit dem Zwerg erzählte, wollte ihm niemand glauben. Alle lachten ihn aus und meinten, er habe den Verstand verloren. Wann immer er auf den Zwerg zu sprechen kam, warfen sich die Männer spöttische Blicke zu.

Nicht lange nach diesem Erlebnis spannte der Jäger seine Hunde vor den Schlitten und fuhr in die Tundra auf Rentierjagd. Er hatte Glück und erlegte an diesem Tag drei Rentiere. Das letzte packte er auf den Schlitten und kehrte dann zu der Stelle zurück, wo er das zweite erlegt hatte, um auch das aufzuladen. Aber das Tier war verschwunden. Soviel er auch suchte, er fand es nicht.

Und als er zu dem ersten Rentier kam, da stellte er fest, daß jemand ein großes Stück Fleisch herausgeschnitten hatte. Verwundert schaute er sich um und rief dann wütend: „Wer will mich um meine Beute bringen? Wer nimmt sich, was ihm nicht gehört? Wer immer es auch sei, gib Antwort!“

Aber niemand antwortete. In der tiefen Stille regte sich nicht einmal der Wind. Nur die Hunde knurrten unruhig.

Da fiel dem Mann die Zauberpfeife ein. Er holte sie aus seiner Mütze und pfiff dreimal darauf. Die Pfeife war so leise, daß sie kaum zu vernehmen war. Nur die Hunde spitzten die Ohren.

Indem aber klang es von unten her: „Du hast mich gerufen?“

Der Jäger schaute sich nach allen Seiten um, dann bückte er sich und sah zu seinen Füßen den Zwerg.

„Ja, ich habe dich gerufen. Jemand hat mir meine Jagdbeute gestohlen.“

„Das eine Rentier hat ein großer Bär geholt, und als er auch das hier holen wollte, da habe ich es so schwer gemacht, daß er es nicht aufheben konnte. Du weißt ja, wie schwer ich sein kann, wenn ich will.“

Der Jäger erinnerte sich, wie er damals mit dem Zwerg im Boot fast untergegangen wäre, und mußte lächeln.

„Aber wer hat hier so ein großes Stück Fleisch herausgeschnitten?“

„Das war ich. Wenn ich es nicht getan hätte, wäre dir nicht eingefallen, mich zu rufen, und ich hätte dich nicht warnen können. Du mußt schnell nach Hause fahren und dein Zelt windfest machen. Es kommt ein schrecklicher Schneesturm. Beeile dich!“

„Du kannst das ganze Rentier haben!“ rief der Jäger, knallte mit der Peitsche und jagte davon.

„Macht eure Zelte windfest!“ rief er den Nachbarn schon von weitem zu. „Es kommt ein Schneesturm. Der Zwerg hat mich gewarnt.“

„Fängst du schon wieder mit deinem Zwerg an?“ lachten ihn die Männer aus.

Doch schon nach kurzer Zeit brauste der Sturm heran, stärker und stärker tobte er und riß die Zelte mit sich fort. Nur das Zelt des Jägers hielt dem Sturm stand.

DER RABE UND DER WOLF

Der Rabe und der Wolf lebten schon seit langen Zeiten in Unfrieden. Mal legte der Rabe den Wolf herein, mal überlistete der Wolf den Raben, und beide schienen nichts anderes im Sinn zu haben, als dem anderen eins auszuwischen.

Einmal rutschte der Rabe zu seinem Vergnügen von dem abfallenden Meeresufer hinunter. Da kam der Wolf vorbei und schaute dem Treiben des Raben neidisch zu. Schließlich hielt er es nicht mehr aus und bettelte:

„Laß mich doch auch mal rutschen!"

„Ich hätte ja nichts dagegen", meinte der Rabe, „aber ich habe Angst, daß du unten nicht rechtzeitig bremsen kannst und im Wasser landest."

„Ich und ins Wasser fallen!" entrüstete sich der Wolf und setzte sich in Pose. „Da kennst du mich aber schlecht! Wir Wölfe sind die Gewandtheit in Person. Und außerdem habe ich scharfe Krallen und kann jederzeit bremsen."

„Na, dann ist es was anderes", meinte der Rabe lachend. „Von mir aus kannst du rutschen soviel du willst. Ich habe nichts dagegen. Aber bilde dir nicht ein, daß ich dich aus dem Wasser ziehe!"

„Keine Angst, einen Wolf hat noch niemand retten müssen", brüstete sich der Wolf.

„Also los", erklärte der Rabe und machte eine tiefe Verbeugung dazu.

Der Wolf kletterte den Hang hinauf, setzte sich auf seinen Schwanz und rutschte hinab. Und es geschah genau das, was sich der Rabe gewünscht hatte: Ehe der Wolf überhaupt daran dachte, daß er bremsen oder wenden mußte, da plumpste er auch schon ins Wasser.

Als er prustend wieder auftauchte, schnappte er verzweifelt nach Luft und rief: „Rabe, hilf mir, zieh mich heraus!"

„Die Wölfe sind doch die Gewandtheit in Person“, höhnte der Rabe. „Habe ich dich nicht gewarnt?“

Der Wolf versuchte, das steile Ufer zu erklimmen, aber jedesmal rutschte er wieder in das eisige Wasser zurück.

„Freund Rabe, du kannst mich doch nicht ertrinken lassen!“ flehte er. „Rette mich!“

„Wenn du auf mich gehört hättest, wäre dir das nicht passiert!“

Der Wolf spürte seine Kräfte schwinden und seine Glieder in dem eiskalten Wasser erstarren. Er heulte flehend:

„Ich gebe dir alles, was du willst, nur zieh mich heraus!“

„Und was hast du denn zu bieten?“ wollte der Rabe wissen.

„Ich gebe dir einen Eichhörnchenpelz.“

Der Rabe grinste:

„Eichhörnchenpelze habe ich selbst so viele, daß ich sie verschenken könnte.“

„Ich gebe dir ein Hasenfell.“

„Wenn ich eins brauchte, fang ich mir selbst Hasen, so viele es mir beliebt.“

„Ich gebe dir meine ganze Jagdausrüstung ... Pfeile, Bogen, alles“, versprach der Wolf.

„Habe ich alles schon“, erklärte der Rabe und winkte verächtlich ab.

Der Wolf überlegte verzweifelt, was er dem Raben noch versprechen könne und was der nicht abschlagen würde.

„Ich gebe dir meine Schwester zur Frau!“ rief er schließlich in höchster Not.

Der Rabe horchte auf. „Du würdest mir wirklich deine Schwester geben?“

„Auf Ehre und Gewissen, nur zieh mich endlich heraus!“

„Warum hast du das nicht gleich gesagt? Du hättest schon längst auf dem Trocknen sein können“, meinte der Rabe großmütig und zog den Wolf aus dem Wasser.

Der Dank des Wolfes war nur gespielt, in Wirklichkeit konnte er seine Erniedrigung nicht verschmerzen und hatte fürchterliche Wut auf den Raben, der sich an seinem Mißgeschick ergötzt und ihn außerdem noch erpreßt hatte. Doch gab er sich dankbar und freundlich.

„Gegen Abend bin ich wieder zurück und bringe dir meine Schwester“, versprach er.

Auf dem Heimweg überlegte der Wolf, wie er sich aus der Affäre ziehen konnte, weil er nämlich gar keine Schwester hatte. Da fielen ihm die Überreste vieler Beutetiere ein, die um seinen Bau herumlagen.

Er machte sich an die Arbeit und fertigte bis zum Abend eine Frau aus Knochen und Fellresten an. Und dieses Werk brachte er dann dem Raben.

Der Rabe besah sich die Frau von allen Seiten und sagte zufrieden: „Schönen Dank, Wolf, deine Schwester ist wirklich ein hübsches Mädchen."

„Ich freue mich, daß sie dir gefällt", antwortete der Wolf grinsend und zog ab.

Der Rabe aß noch etwas und legte sich dann mit der Frau zur Ruhe.

Am Morgen aber erwartete ihn eine Überraschung: Die Frau hatte sich über Nacht in ein Häufchen Knochen und Fellreste aufgelöst, und der Rabe mußte feststellen, daß der schlaue Fuchs ihn wieder mal tüchtig übers Ohr gehauen hatte.

„Warte nur, das zahle ich dir heim", tobte er. „Denk nur nicht, daß sich ein Rabe so schnell geschlagen gibt!"

Aber ehe er sich noch etwas ausdenken konnte, da stand auf einmal ganz unerwartet der Wolf vor ihm und sprach:

„Ich weiß, Rabe, daß du schon wieder Ränke schmiedest. Aber meinst du nicht auch, wir sollten endlich mit unseren Streitereien aufhören? Mal haust du mich übers Ohr, mal ich dich ... und was haben wir davon?"

Der Rabe glaubte nicht recht zu hören. Er starrte den Wolf an, als sähe er ihn zum ersten Mal. Aber der schien seine Worte wirklich ernst zu meinen.

„Also, was sagst du dazu?" fragte der Wolf. Der Rabe mußte erst noch eine Weile nachdenken, ehe er schließlich sagte:

„Eigentlich hast du recht."

Und seit der Zeit leben Rabe und Wolf in Eintracht und haben es nie bereut.

DAS SELTSAME REN

Es war einmal ein Jäger, dem schien sich in der letzten Zeit das Pech an die Fersen geheftet zu haben. Tagelang streifte er durch die Tundra, ohne auch nur eine einzige Rentierspur zu finden, und er hatte schon lange kein Wild mehr nach Hause gebracht. Die Vorräte gingen zu Ende, und in seiner Hütte hielt allmählich die Not Einzug.

Der Mann hatte einen kleinen Sohn, der ihm jeden Abend freudig und erwartungsvoll entgegenlief. Aber wenn er sah, daß der Vater wieder mit leeren Händen heimkam, verkroch er sich traurig auf sein Lager aus Robben- und Rentierfellen.

„Es wird mir nichts anderes übrigbleiben, als einen unserer Hunde zu schlachten, wenn wir nicht verhungern wollen", sagte der Mann betrübt zu seiner Frau.

„Warte noch", riet die Frau, die gerade die letzten Vorräte hervorholte. „Wer weiß, ob du nicht schon morgen oder übermorgen ein großes Rentier erlegst."

„Ach, wenn sich deine Worte doch erfüllen würden!"

Am anderen Tag machte er sich erneut auf den Weg. Aber auch diesmal war alles wie ausgestorben, kein Wild zeigte sich.

Als sich die Sonne schon gen Westen wandte, da sah er auf einmal ein Rentier. Zum Glück wehte der Wind so, daß er ihn nicht verraten konnte. Vorsichtig pirschte sich der Jäger heran. Es war ein prächtiges, großes Tier. Als er auf Schußweite heran war, legte er die Waffe an und zielte. Aber im gleichen Augenblick ließ er die Hand wieder fallen, so überrascht war er. Das Ren war vorn weiß und hinten schwarz, und unter dem riesigen Geweih trug es ein Menschengesicht!

Der Mann starrte ungläubig das seltsame Wesen an und wußte nicht, was

er tun sollte. Schießen oder nicht? Da aber fiel ihm sein hungriger Sohn ein, und die Entscheidung war gefallen.

‚Ich werde nicht auf das Menschengesicht zielen, sondern auf den Tierkörper', sagte er sich und schoß.

Das Rentier fiel auf der Stelle um und regte sich nicht mehr.

Der Mann ging zögernd näher.

Und da sah er, daß er nicht den Tierkörper getroffen hatte, sondern das Menschengesicht. In panischem Entsetzen rannte er davon, aber statt den Weg zu seiner Hütte zu nehmen, schlug er die Richtung zum Fluß ein, wo sein Kajak lag. Er war vor Grauen wie von Sinnen.

„Ich habe einen Menschen getötet!" dröhnte es in seinem Kopf, und er konnte diesen schrecklichen Gedanken nicht mehr loswerden.

Am Ufer angekommen, kippte er das Boot um und legte sich darunter auf die Erde. Er wollte sterben. Plötzlich hob jemand das Boot hoch.

„Vater!"

Der Sohn hatte den Jäger aus der Tundra kommen sehen, und als der Vater nicht erschien, war er ihn suchen gegangen.

Der Mann schlug die Augen auf, und als er den Sohn sah, da fühlte er sein Herz wieder stärker schlagen, und neues Leben kehrte in ihn zurück. Er stand auf, nahm den Sohn an der Hand und ging mit ihm nach Hause.

Er berichtete den Männern im Dorf von seinem schrecklichen Erlebnis, und die Dorfbewohner gaben ihm und seiner Familie zu essen und zogen dann am nächsten Tag mit ihm in die Tundra.

Aber soviel sie auch suchten, das seltsame Wesen, von dem der Jäger berichtet hatte, fanden sie nicht. An der Stelle, wo es gelegen hatte, war keine Spur zu entdecken. Weiß und unberührt lag die Schneedecke da. Kein einziger Blutstropfen, kein Abdruck weit und breit.

„Du hast sicher geträumt", sagten die Männer.

Dem Jäger ließ das Ganze keine Ruhe, und deshalb ging er zu einem Schamanen, um sich bei ihm Rat zu holen.

Der alte, erfahrene Angakok ließ sich noch einmal alles schildern, versenkte sich dann in tiefe Meditation und meinte schließlich nachdenklich:

„Es war sicher die Warnung eines Geistes, der nicht will, daß du in seinem Revier jagst. An deiner Stelle würde ich jene Gegend meiden."

Der Jäger befolgte den Rat des Schamanen — und von Stund an war ihm das Jagdglück wieder hold.

ROTFUCHS UND WEISSFUCHS

Vor langen, langen Zeiten lebten Rotfuchs und Weißfuchs einträchtig zusammen in einem Bau. Während der Weißfuchs von dem lebte, was ihm der Zufall über den Weg laufen ließ, hängte der Rotfuchs Angelschnüren mit Haken in Eislöcher und fing Fische.

‚Warum sollte ich eigentlich nicht auch Fische fangen?' sagte sich der Weißfuchs eines Tages. ‚Das ist ja ganz einfach.' Er machte sich Haken und ging aufs Eis. Dort schlug er Löcher, hängte die Haken an Schnüren hinein und wartete.

Er wartete einen Tag — nichts.

Er wartete einen zweiten Tag — wieder nichts.

So saß er noch viele Tage, aber nichts biß an. Es war, als seien die Fische ausgestorben.

Dem Rotfuchs wollte das nicht in den Kopf, und so ging er schließlich nachsehen, warum sein Bruder solches Pech hatte.

„So kannst du lange sitzen, ohne einen einzigen Fisch zu fangen. Wer hat das je gesehen, ohne Köder angeln?" rief er und griff sich an den Kopf, als er sah, wie der Weißfuchs leere Haken ins Wasser warf.

Einmal ging der Weißfuchs am Strand spazieren und blieb plötzlich überrascht stehen. Da vorn lag etwas Seltsames. Was mochte das nur sein? Eine Eisscholle, ein großer Steinblock oder vielleicht ein Wal? Er überlegte, ob er nicht lieber davonlaufen sollte, aber die Neugier war stärker. Vorsichtig schlich er sich näher an das seltsame Ding heran — und siehe da, es war ein schlafender Wal.

‚Was soll ich nur machen?' überlegte der Weißfuchs.

‚Ein solcher Fleischberg! Der würde uns ein ganzes Jahr reichen. Wenn ich nur wüßte, wie man Wale tötet!'

Lange spazierte er unentschlossen um seinen Fund herum, bis er schließlich beschloß, nach Hause zu gehen und den Rotfuchs zu Hilfe zu holen.

„Bruder, komm schnell mit zum Meer, dort schläft ein Wal!" schrie er aufgeregt schon von weitem.

Von dem Geschrei aber wurde der Wal munter. Er ließ sich schnell ins Meer zurückgleiten und war verschwunden.

„Bist du ein Dummkopf!" schimpfte der Rotfuchs, als er das sah. „Du hast ihn mit deinem Geschrei verjagt. Du wirst nie etwas fangen!"

Verärgert packte er seine Sachen und zog aus dem Bau aus. In den Bergen suchte er sich dann eine neue Heimstatt.

Und seit der Zeit leben Rotfuchs und Weißfuchs für sich.

DIE VERBLENDETE EULE

Die Eule hatte sich schon lange nicht mehr richtig satt gegessen.

„Ich werde mir wohl einen anderen Wohnsitz suchen müssen", beklagte sie sich bei dem Raben. „Hier ist nichts zu holen."

„Warum denn gleich wegziehen?" fragte der Rabe verwundert. „Siehst du nicht die zwei Hasen, die dort spielen?"

Der Eule hüpfte vor Freude das Herz im Leib. Im Nu stürzte sie auf die Hasen hinab, packte mit jeder Kralle einen und flog damit auf.

Aber o weh, zwei Hasen auf einmal, das ging nun doch über ihre Kräfte. Schon nach kurzem Flug erlahmte sie, ihr Griff lockerte sich, und sie mußte die Hasen fallenlassen.

Kaum spürten die wieder festen Boden unter den Füßen, da ergriffen sie das Hasenpanier. Die Eule aber war nicht faul und setzte ihnen nach.

„Du darfst nicht beide auf einmal jagen, nur einen!" rief der Rabe ihr zu.

Die Eule aber war unbelehrbar. Ich muß beide bekommen, hatte sie sich in den Kopf gesetzt. Der Hunger ist ein schlimmer Geselle, und wer weiß, wann sich mir wieder so eine Gelegenheit bietet, zwei Hasen auf einmal zu fangen!

Die Hasen aber waren nicht auf den Kopf gefallen. Sie rannten nebeneinander her, und sobald die Eule genau über ihnen war, da schlugen sie einen Haken. Der eine nach links, und der andere nach rechts.

Die verblendete Eule aber schlug in ihrer Gier mit ihren Krallen so kraftvoll nach beiden, daß sie sich selbst in zwei Hälften zerriß.

Der Rabe, der alles von weitem verfolgt hatte, aber sagte bei sich: ‚Es ist ihr ganz recht geschehen. Sie ist ihrer eigenen Habgier zum Opfer gefallen. Wer nicht hören will, der muß eben fühlen.‘

DER TAPFERE MANN UND DER BÖSE SCHAMANE

Im hohen Norden lebte einst ein Mann mit seiner Frau und seinem kleinen Sohn. Der Junge suchte fast nie die Gesellschaft anderer Kinder. Tagelang spielte er allein oder saß, an die Hütte gelehnt, auf der Erde und starrte in den Himmel.

Die Jahre vergingen. Der Junge war zu einem stattlichen jungen Mann herangewachsen, aber seine Gewohnheiten hatten sich nicht verändert. Jede freie Minute saß er vor der Hütte und schaute in die Ferne.

Eines Tages bat er die Mutter, ihm einen warmen Fellanzug zu nähen, weil er noch höher nach Norden ziehen wolle.

„Bleib zu Hause", bat die Mutter. „Noch nie ist einer von dort zurückgekehrt."

Auch der Vater wollte ihm sein Vorhaben ausreden, doch der Sohn ließ sich weder durch Drohungen noch durch Bitten und Tränen umstimmen.

Lange ging er, sehr lange, bis er endlich auf eine einsame Hütte stieß. Der Rauch, der von ihr aufstieg, zeigte ihm, daß sie bewohnt war. Der Jüngling kletterte leise aufs Dach und schaute durch das Luftloch hinein. Mitten in der Stube brannte ein Feuer, und daran saßen ein alter Mann und eine alte Frau. Der Mann hielt ein Messer in der Hand und schnitzte einen Pfeil. Und plötzlich sagte er: „Was kletterst du aufs Dach, statt einfach hereinzukommen, wie es sich gehört?"

Der Jüngling wunderte sich, daß der Alte von ihm wußte. Er sprang auf die Erde und trat ein. Die Frau setzte ihm etwas zu essen vor, und der Greis fragte ihn: „Mußt du dir denn deine Braut unbedingt dort oben suchen?"

Nun wunderte sich der Jüngling noch mehr, denn er hatte ja nicht einmal seinen Eltern verraten, daß er nur deshalb in den Norden wollte, um sich von dort eine Frau zu holen.

„An deiner Stelle würde ich lieber umkehren", riet der Alte. „Ich bin der Bruder deines Vaters und meine es gut mit dir. Weiter oben leben böse Menschen, und viele Gefahren lauern dort auf dich."

Doch der junge Mann war nicht von seinem Vorhaben abzubringen. Er blieb bis zum Morgen bei den Verwandten, schlief sich aus, aß sich satt und sagte dann den beiden Alten Lebewohl.

„Nun, wenn du unbedingt weiter willst, so nimm wenigstens den Pfeil hier mit", sagte der Oheim zum Abschied. „Er wird dir gute Dienste leisten."

Der Jüngling nahm den Pfeil, bedankte sich und zog weiter.

Und wieder ging er lange, sehr lange, bis er auf eine einsame Hütte stieß. Auch aus der stieg Rauch auf. Er schlich sich leise heran und kletterte aufs Dach. Unter sich sah er eine Feuerstelle und an der einen alten Mann und eine alte Frau. Auch dieser Alte hielt ein Messer in der Hand und schnitzte einen Pfeil.

„Sitz nicht dort oben auf dem Dach herum, sondern komm lieber herein!" forderte er den jungen Mann auf, ohne den Kopf von der Arbeit zu heben.

Der Jüngling sprang also auf die Erde und trat ein.

Die Frau stand auf und setzte ihm eine Schüssel mit Fleisch vor. Und während er aß, sprach der Alte ihn an: „Ich verstehe nicht, warum du dir ausgerechnet im Norden eine Frau suchen mußt. Nirgends drohen dir so viele Gefahren wie dort. Du tätest besser daran umzukehren. Ich bin der Bruder deines Vaters und meine es gut mir dir."

Der Jüngling staunte, daß auch dieser Greis sein Geheimnis kannte, von dem er doch zu niemandem gesprochen hatte. Aber er ließ sich sein Vorhaben nicht ausreden.

Er blieb über Nacht bei den Verwandten, um am nächsten Morgen seinen Weg fortzusetzen.

Zum Abschied reichte ihm der Alte den Pfeil und sagte: „Nimm ihn, du wirst ihn brauchen können!"

Nach einer Weile kam der Jüngling zu einem großen See. Wie er noch überlegte, in welcher Richtung er ihn umgehen sollte, erhob sich von fern ein Brausen, wie wenn ein Sturm aufzieht. Doch der Himmel war strahlend blau, und kein Windhauch wehte. Dennoch wurde das Brausen immer stärker, bis es zu einem lauten Tosen anschwoll. Er bekam es mit der Angst zu tun, schritt aber tapfer weiter. Und dann sah er, wie über dem See ein riesiger Weidenkorb auf ihn zugeflogen kam, und aus dem kam der schreckliche

Lärm. Der Jüngling ging schnell hinter einem Baum in Deckung. Der Korb kreiste direkt über ihm und heulte und brüllte so fürchterlich, daß dem Burschen die Sinne schwanden. Als er wieder zu sich kam, war es still. Der Korb war ein Stück weiter gelandet, und über den Rand schaute ein zottiger, bärtiger Kopf heraus. Kaum hatte sich der Jüngling gerührt, da stieg der Korb wieder auf, kreiste über seinem Kopf und gab noch schrecklichere Töne von sich als vordem.

Da sprang der Jüngling auf die Beine und rief laut: „Blitz und Donner, zeigt, daß ihr noch stärker seid!"

Im gleichen Augenblick zerriß ein Blitz den Himmel, dann ein zweiter und ein dritter. Die Blitze zuckten kreuz und quer herab, und der Donner krachte ohne Unterlaß. Der Korb fiel auf die Erde, und darin kauerte ein zottiges, bärtiges Wesen und hielt sich die Augen zu.

Als das Gewitter sich gelegt hatte, kam der Jüngling aus seinem Versteck hervor, und auch der Korb stieg wieder auf und wollte ihm den Weg versperren. Doch der junge Mann brauchte nur zu rufen: „Blitz und Donner!", da blieb der Korb gleich wieder gehorsam liegen.

Noch am gleichen Abend kam der Jüngling zu einer kleinen Siedlung. Von dort kam ihm ein Junge entgegen und starrte ihn staunend an.

„Wie bist du denn hierher gelangt?" wollte er wissen. „Von der Seite ist noch niemand zu uns gekommen. Am See hält der böse Schamane Wache und tötet jeden, der sich naht. Wieso hat er dich am Leben gelassen?"

„Ich bin stärker als der Schamane, ich fürchte ihn nicht!"

„Sag das nicht so laut, wenn du nicht schnell fliehst, ist dir der Tod gewiß."

Indem brauste es in der Luft, und ein riesiger Adler wollte sich auf den Jüngling stürzen. Der schleuderte geistesgegenwärtig seinen Pfeil nach dem Raubvogel, und der Adler fiel mit durchbohrter Brust vor seine Füße. Und kaum hatte er die Erde berührt, verwandelte er sich in den toten Schamanen.

„Führ mich zu seiner Hütte!" forderte der Jüngling den Knaben auf und holte den Pfeil heraus, den ihm der erste Greis geschenkt hatte.

„Geh lieber nicht hin. Das Haus wird von zwei wilden Bären bewacht. Die werden dich zerreißen."

„Zeig mir nur das Haus, und laß alles andere meine Sache sein!"

„Wie du willst. Wenn du keinen Rat annehmen willst, mußt du sehen, wie du fertig wirst!"

Der Jüngling näherte sich dem Haus des Schamanen. Vor der Tür ruhte ein riesiger Eisbär.

„Bär, schlaf nicht!" schrie der Mann ihn an.

Der Bär wachte auf, bleckte die Zähne und wollte sich auf den Jüngling stürzen. Der aber nahm den Pfeil und schleuderte ihn mit aller Kraft gegen das Tier. Der Bär schwankte und fiel auf der Stelle tot um. Der Pfeil hatte sein Herz durchbohrt. Indem aber kam aus der Hütte ein zweiter Bär herausgestürzt, noch größer als der erste. Der Jüngling sprang schnell zur Seite und schleuderte den Pfeil, den ihm der zweite Greis geschenkt hatte. Und auch diesmal verfehlte er sein Ziel nicht. Der Bär konnte nicht einmal aufheulen, so schnell war es um ihn geschehen.

Nun konnte den Jüngling nichts mehr daran hindern, in die Hütte zu treten. Und dort sah er auf Robbenfellen eine hübsche junge Frau sitzen, jene Frau, deren liebliches Antlitz ihm so oft im Traum erschienen war und nach der er sich so viele Jahre gesehnt hatte. Sie hatte Tränen in den Augen.

„Warum weinst du?"

„Ich weine nicht um meinen Mann, den du getötet hast. Er war ein böser Mensch, der mich meinen Eltern geraubt hat, und ich habe ihn nie geliebt. Ich weine auch nicht um die Bären, an die ich mich zwar gewöhnt hatte, die aber dennoch meine Wächter waren. Niemand durfte zu mir, und ich durfte nie hinaus. So hatte es ihnen der böse Schamane, mein Mann, befohlen."

„Warum weinst du dann?"

„Noch nie ist jemand von der Südseite hierher gelangt. Auch mein Vater und mein Bruder nicht. Den Vater hat der fliegende Korb in den See gehetzt, den Bruder der Adler totgehackt. Einen tapferen Jäger, der dennoch bis zur Hütte vorgedrungen war, haben die Eisbären zerrissen. Als ich sie brüllen hörte, da überfiel mich schreckliche Angst, daß auch du es nicht schaffst." Das Mädchen lächelte: „Aber nun weine ich nicht mehr."

„Und ich habe doch mein Ziel erreicht. Einen langen, beschwerlichen Weg mußte ich auf mich nehmen und viele Hindernisse überwinden, um dich endlich zu finden. Aber nun wirst du meine Frau!"

Der junge Mann wischte seiner Angebeteten die Tränen aus dem Gesicht. Und dann lebten beide glücklich und zufrieden in der Hütte des Schamanen.

Und wer immer von der Südseite nach Norden wollte, der brauchte nicht mehr um sein Leben zu bangen.

WIE DIE FÜCHSE DIE WÖLFE ÜBERLISTETEN

Die Füchsin hatte Junge, und der Fuchs hätte sich zerreißen können, um die ganze Familie zu ernähren. Von früh bis spät war er unterwegs, aber die Beute war kläglich. Er selbst aß immer nur ein paar Bissen, damit die Kinder nicht hungern mußten. Wie er eines Tages wieder durch die Gegend streifte und etwas Eßbares suchte, stieg ihm plötzlich ein herrlicher Geruch in die Nase. Er streckte die Nase in die Luft und witterte. Tatsächlich! ‚So riechen Robben, wenn mich nicht alles irrt', sagte er sich. Aber kaum hatte er die Nase wieder heruntergenommen, um das Loch im Eis aufzuspüren, da war auch der Geruch weg. Der Fuchs lief hin und her, suchte die ganze Umgebung ab, aber er konnte keine Robben entdecken. Nur der aufreizende Geruch strich ihm hin und wieder um die Nase.

„Ich bin schon ganz toll", sagte er zu Hause zu seiner Frau. „Überall rieche ich Robben und kann doch beim besten Willen keine aufspüren."

„Heute ist es schon zu spät, aber morgen versuchen wir es gemeinsam", entschied die Füchsin.

Am Morgen zog die Füchsin den Kindern Schuhe an, und die ganze Familie zog los.

„Riechst du es?" fragte der Fuchs, als sie an die Stelle kamen, wo er gestern nichts gefunden hatte.

Die Füchsin witterte, und wirklich, auch sie meinte einen schwachen Robbengeruch wahrzunehmen.

Nun suchten sie gemeinsam, und es dauerte nicht lange, da fanden sie heraus, von wo der Geruch kam. Ein Stück weiter lag im Eis ein toter Wal.

Die Füchse wollten ihren Augen nicht trauen. So ein Berg Fleisch! Sie überlegten nicht lange, bissen eine Höhle in den Wal und ließen sich gleich dort nieder. Der Fuchs war mit einem Male alle Sorgen los. Er brauchte nicht mehr von früh bis spät durch die Gegend streifen und sich die Beine wundlaufen. Jeder konnte sich den Bauch vollschlagen, brauchte nur den Hals auszustrecken. Und dabei nahm der Vorrat kaum ab. Ach, war das ein Leben!

Doch die herrlichen Tage sollten, wie es aussah, nicht ewig dauern. Einmal schaute der Fuchs aus seinem Walbau hinaus und sah am Horizont ein Rudel Wölfe.

„Was fangen wir nur an?" erschrak er. „Die Wölfe wittern den Wal ganz bestimmt und werden uns verjagen und sich selbst hier niederlassen wollen."

„Wir müssen uns schnell etwas einfallen lassen", sagte die Füchsin und dachte angestrengt nach. „Ich hab's! Schnell, Kinder, alle hinaus!" Sie schupste die Kinder aufs Eis. „Wir werden so tun, als seien die Jäger hinter uns her."

Die Fuchsfamilie rannte den Wölfen entgegen.

„Was rennt ihr denn so? Was ist denn los?" fragten die Wölfe.

„Die Jäger sind hinter uns her!"

Als das die Wölfe hörten, machten sie auf der Stelle kehrt, jagten davon und waren im Nu in der Ferne verschwunden. Als sie außer Sicht waren, kehrten die Füchse zufrieden in ihren Bau zurück.

Und wenn sie nicht gestorben sind, schmausen sie dort noch heute.

DIE SCHAMANENTROMMEL

Es waren einmal zwei Kinder, ein Junge und ein Mädchen, die hatten keinen Vater mehr, denn der hatte den Tod auf dem Meer gefunden. Und weil sie sich einsam fühlten, verließen sie ihr Vaterhaus und zogen in die weite Welt hinaus. Eines Tages kamen sie an eine Stelle, wo schmackhafte Beeren wuchsen. Wie sie so pflückten, sahen sie im Gras ein kleines Kindchen liegen. Sie hoben es auf und spielten mit ihm, als sie plötzlich Schritte hörten und aus der Ferne einen Riesen heranstapfen sahen.

Der Junge, dem das Kind über die Maßen gefiel, versteckte es schnell unter seiner Jacke und gebot seiner Schwester zu schweigen.

Der Riese kam heran und schrie: „Wo ist mein Kind?"

„Was für ein Kind?" tat der Junge ahnungslos.

„Sagt was ihr mit meinem Kind gemacht habt!" schrie der Riese sie an.

Das Mädchen bekam Angst und wollte schon den Mund aufmachen, aber der Junge kam ihr zuvor und sagte: „Wir haben wirklich kein Kind gesehen."

Da begann der Riese zu jammern: „Ach, mein armes Kindchen, hier habe ich es hingelegt, ihr müßt es doch gesehen haben! Wenn ihr mir sagt, wo es ist, werde ich euch reich belohnen. Ich gebe euch meine Hütte, in dem sind viele kostbare Felle, und auch eine Schamanentrommel ist dort und ein kleines Hündchen."

Als der Junge von der Schamanentrommel hörte, spitzte er die Ohren. Eine Schamanentrommel zu haben, das wäre was! Dann könnte er vielleicht selbst Schamane werden.

„Und du würdest uns wirklich auch die Trommel schenken?" fragte er.

„Auch die gebe ich für mein Kind", erklärte der Riese.

„Hier hast du es!" Der Junge zog das Kind unter der Jacke hervor und hielt es dem Riesen hin.

Der nahm das Kleine, herzte und küßte es und sagte dann zu den Kindern: „Und nun schließt die Augen. Dann macht sie wieder auf und geht meinen Spuren nach, bis ihr zu meiner Hütte kommt. Aber eines merkt euch gut: Schlagt nie das Hündchen, das dort ist!"

Als die Kinder die Augen wieder öffneten, war der Riese mit dem Kind verschwunden. Nur tiefe Spuren hatte er zurückgelassen. Denen gingen die Kinder nach, bis sie zu der versprochenen Hütte kamen. Und dort war wirklich alles so, wie der Riese gesagt hatte. Auch das kleine Hündchen kam ihnen entgegengelaufen und bellte vergnügt.

Die Kinder hatten sich in dem neuen Heim schnell eingelebt. Es fehlte ihnen ja an nichts. Der Junge hütete die Rentierherde, die ihnen der Riese dagelassen hatte, und vertrieb sich dabei die Zeit mit Trommeln. Das Mädchen besorgte den Haushalt, kochte und nähte. Und beide hatten das kleine Hündchen ins Herz geschlossen, das so zutraulich war. Die Zeit verging, und als der Junge den Kinderschuhen entwachsen war, hatte er nur noch die Trommel im Kopf. Er kümmerte sich immer weniger um die Herde, trommelte nur von früh bis spät.

„Ich will ein Schamane werden", verteidigte er sich, wenn die Schwester ihm Vorwürfe machte, daß er zu nichts zu gebrauchen sei.

Das Mädchen wußte nicht, wie sie alles allein bewältigen sollte, denn der Bruder hatte nur die Trommel im Kopf. So kam es, daß sie vor lauter Arbeit über das Hündchen stolperte, die Warnung des Riesen vergaß und dem Hund einen Klaps gab.

Der Hund jaulte auf und lief hinaus.

„Was hast du getan!" rief der Bruder und rannte mit der Trommel, die er wie immer in der Hand hielt, dem Hund nach. Er rief ihn, aber der Hund hörte nicht und lief weiter. Da begann der Bursche zu trommeln. Erst langsam und leise, dann immer schneller und lauter. Er drehte sich mit der Trommel im Kreis, hob sie hoch über seinen Kopf, und es schien ihm, als ob die Trommel allein spiele, als rassele sie und singe. Und das schien ihm nicht nur so, die Trommel gab wirklich ganz eigenartige Töne von sich und führte mit dem Jungen einen wilden Tanz auf. Sie drehte sich mit ihm immer schneller, bis er schließlich besinnungslos zu Boden sank.

Als er wieder zu sich kam und sich erhob, da stand neben ihm ein wunderschönes Mädchen.

„Ich danke dir, daß du mich erlöst hast", sagte sie. „Der Riese hat mich in einen Hund verwandelt, aber dein Zauber ist stärker als der seine. Du bist ein mächtiger Schamane."

Der junge Schamane ging mit dem Mädchen nach Hause zurück und nahm sie zur Frau.

Von dem Augenblick an war bei ihnen endgültig das Glück eingekehrt. Die Schwester lebte mit dem Bruder und dessen Frau in Eintracht und Frieden unter einem Dach bis zu jenem Tag, da sie selbst einen jungen Jäger zum Manne nahm.

DIE BÄRENTATZE

Vor langer, langer Zeit kam der Bär einmal nach reichem Schmaus zu einem See, um zu trinken. Aber weil er den Bauch so voll hatte, plumpste er am Ufer hin und schlief auf der Stelle ein. In der Nacht kam Frost, und als der Bär am Morgen munter wurde und aufstehen wollte, da konnte er sich nicht von der Stelle bewegen. Beide Hinterbeine waren im See festgefroren. So lag er hilflos da, gefangen wie in einer Falle.

Da kam ein Jäger vorbei und sah, was geschehen war.

„Ei, ei, wer hätte gedacht, wie leicht und gefahrlos man einen Bären erlegen kann", freute er sich und holte sein Messer hervor.

„Guter Mann, töte mich nicht", bat der Bär mit menschlicher Stimme. „Hilf mir lieber, es soll dein Schaden nicht sein."

Der Jäger zögerte und ließ das Messer sinken.

„Ich helfe dir — und bezahle dann für meine Dummheit mit dem Leben", befürchtete er.

„Keine Angst, du wirst es bestimmt nicht bereuen", versicherte der Bär. „Ich bin nicht undankbar."

Der Mann ließ sich schließlich überreden und hackte den Bären aus dem

Eis los. Aber weil er ihm doch nicht so ganz vertraute, rannte er auch im gleichen Augenblick davon.

„Mensch, so warte doch!“ rief der Bär und lief ihm nach. „Du hast doch deinen Lohn noch gar nicht empfangen!“ Er holte den Jäger ein und streckte ihm seine Tatze hin.

„Hier hast du zum Lohn meine Tatze. Sie gibt dir Bärenkräfte.“

Der Mann nahm die Tatze und drehte sie ungläubig in der Hand hin und her. ‚Besser eine Bärentatze, als von einem Bären zerrissen zu werden‘, sagte er sich, nachdem der Bär davongetrottet war.

Und vielleicht hätte er das Geschenk des Bären bald vergessen, wenn er nicht zufällig dazugekommen wäre, wie sich einer der Nachbarn abmühte, einen angeschwemmten Baumstamm aus dem Wasser zu ziehen.

„Warte, ich helfe dir“, sagte er. Er bückte sich und hob den Stamm — zu seiner eigenen Überraschung — auf wie eine Feder.

„Bist du aber stark!“ staunte der Nachbar.

Und da fiel dem Jäger die Bärentatze ein. Sollte sie wirklich solche Macht besitzen? Davon mußte er sich auf der Stelle überzeugen! Er ging zur nahen Felsküste und suchte sich dort den schwersten Brocken aus, den niemand von der Stelle rühren konnte. Und siehe da, er hob ihn mit Leichtigkeit hoch über den Kopf.

„Wirklich, der Bär hat nicht gelogen“, freute sich der Jäger. „Er hat mir seine Kraft geschenkt.“

Er bohrte ein Loch in die Tatze, zog einen Lederriemen hindurch und trug sie als Amulett um den Hals. So manches Mal dachte er seitdem voll Dankbarkeit an den Bären.

Die Jahre vergingen, und der erstgeborene Sohn des Jägers wuchs zu einem stattlichen Jüngling heran. Als sie das erstemal gemeinsam auf die Jagd gingen, gelang es ihnen, einen riesigen Elch zu erlegen.

Der Sohn wollte das Hundegespann holen, das sie ein Stück weiter zurückgelassen hatten, um das erbeutete Wild auf den Schlitten zu laden, aber der Vater hielt ihn zurück, hob den Elch auf und warf ihn sich über die Schulter wie einen jungen Hund.

„Vater, wo hast du nur die Kraft her?“ staunte der junge Bursche.

Der Jäger warf das Tier wieder ab und forderte den Sohn auf: „Und nun versuche du es!“

Der Jüngling sah den Vater entgeistert an, ob der nicht scherze, doch als der alte Jäger seinen Wunsch wiederholte, strengte er alle Kraft an — und konnte doch kaum die Hinterläufe des Elchs aufheben, geschweige denn das ganze Tier.

Der Vater schaute ihm schweigend zu, nahm dann das Lederband mit der Bärentatze vom Hals und band es dem Sohn um. „Nun versuche es noch einmal!“ verlangte er dann.

Der Sohn gehorchte — und diesmal warf er sich den Elch mit gleicher Leichtigkeit über die Schulter wie vordem sein Vater.

„Vater, was ist mit mir geschehen?“ fragte der Bursche staunend.

„Du hast Bärenkräfte“, antwortete der alte Jäger und erzählte ihm, wie er zu der Bärentatze gekommen war und was es für eine Bewandtnis mit ihr auf sich hatte.

Weil sie sich auf der Jagd sehr weit vom Dorf entfernt hatten, mußten sie mit ihrer Beute im Freien übernachten. Sie waren schon fast am Einschlafen, da hörten sie von fern ein langgezogenes Heulen. Die Hunde wurden unruhig und begannen zu jaulen.

„Aufgepaßt, mein Sohn, wir bekommen es mit den Wölfen zu tun“, sagte der Jäger und bedauerte, daß sie kein Feuer hatten, das sie vor den Angreifern geschützt hätte.

Der Jäger irrte sich nicht. Die Wölfe hatten das Blut des Elchs gewittert und ihre Spur aufgenommen. Es war ein ganzes Rudel. Im Nu hatten sie die beiden Männer umzingelt, und der Kampf begann.

Jetzt erst wußte der alte Jäger das Geschenk des Bären so recht zu würdigen. Er spürte Riesenkräfte in seinen Armen. Mit der linken Hand packte er den ersten Wolf, der ihn anspringen wollte, und schwang ihn wie eine Keule im Kreis, und mit der rechten stieß er einem Wolf nach dem anderen den Speer in den Rachen oder in die Flanken.

Bald waren von dem ganzen Rudel nur noch ein paar Wölfe übrig, und die zogen den Schwanz ein und rannten heulend davon.

Und die Bärentatze?

Die wurde vom Vater auf den Sohn vererbt, bis ein Urenkel des alten Jägers sie einmal verlor. Und damit verloren auch er und seine Nachfahren für immer ihre Bärenkraft.

DER WEISSE UND DER BRAUNE BÄR

Es ist schon lange, lange her seit der Zeit, da ein Mann seiner Frau überdrüssig wurde und sie aus seiner Hütte verjagte in die Tundra. Die Frau hatte kein Dach mehr über dem Kopf, und so ging sie, wohin die Beine sie trugen. Tag für Tag, Nacht für Nacht. Der Winter kündigte sich an, ein eisiger Wind wehte, und die ersten Schneeflocken tanzten vom Himmel herab.

Als die Frau schon glaubte, bald erfrieren oder verhungern zu müssen, stieß sie plötzlich auf eine verlassene Jagdhütte. Dort ließ sie sich nieder und gebar bald darauf Zwillinge. Und weil sie nichts hatte, womit sie sie hätte umhüllen können, wärmte sie sie mit ihrem eigenen Leib.

„Ihr armen Kleinen, womit decke ich euch zu, was ziehe ich euch an, was gebe ich euch zu essen?“ jammerte die junge Mutter.

Der Gute Geist aber stand der Frau bei. Er versorgte sie mit Nahrung und wollte aus ihren Kindern Wesen machen, die nie, auch nicht bei grimmigstem Frost, Kleidung benötigten.

Wie groß war die Überraschung der Frau, als die Zwillinge plötzlich am ganzen Körper üppigen Haarwuchs zeigten. Dem einen wuchs ein langes weißes Fell, dem anderen ein dichtes braunes. Die Mutter war zwar froh, daß der Pelz ihre Kinder vor dem Erfrieren bewahrte, doch zugleich erschrak sie, als sie feststellte, daß beide immer mehr wilden Tieren glichen. Sie wußte ja nicht, daß der Gute Geist sie in Bären verwandelt hatte.

Eines Tages erwachte die Mutter und war allein. Die Söhne waren dem Ruf ihres Bärenherzens gefolgt.

Der weiße Bär zog in den Norden und ließ sich dort im Land des ewigen Eises nieder. Dort ist bis heute sein Reich.

Der braune Bär wandte sich nach Süden und siedelte sich in der tiefen Taiga an. Im Reich der unendlichen Wälder, dort hat er sein Jagdrevier.

Und die Mutter?

Sie blieb nicht lange allein. Eines Tages verirrte sich ein Jäger in jene Gegend, beide fanden Gefallen aneinander und heirateten. Und sie lebten viele Jahre glücklich und zufrieden in der Tundra.

DER JÄGER UND DER WEISSE BÄR

Einst wollte ein Eskimojäger auf dem zugefrorenen Meer Robben jagen. Plötzlich aber kam Südwind auf, unter seinem warmen Atem brach die geschlossene Eisdecke, und der Mann wurde auf einer Scholle aufs offene Meer hinausgetrieben. Viele Tage und Nächte trieb er so dahin, versuchte, wo es ging, von einer Scholle auf die andere zu springen, um so wieder zum Land zurückzugelangen. Doch schneller als er sich dem Land näherte, nahmen seine Kräfte ab. Als er schon meinte, sein letztes Stündchen habe geschlagen, da sah er plötzlich über sich einen riesigen weißen Bären stehen.

„Das ist mein Ende", seufzte er und schloß ergeben die Augen.

„Du brauchst dich nicht zu fürchten", beruhigte ihn der Bär mit menschlicher Stimme. „Ich werde dich retten." Er gab dem ausgehungerten Mann zu essen und sorgte so lange für ihn, bis der Wind die Eisscholle wieder zum Strand zurückgetrieben hatte.

„Wie kann ich dir nur vergelten, was du für mich getan hast?" fragte der Mann den Bären.

„Vielleicht gerate auch ich einmal in Not, und dann wirst du mir helfen."

Da bat der Mann den Bären noch um ein Andenken, damit die Leute im Dorf ihm sein Erlebnis glaubten.

Der Bär schlug seinen Pelz auseinander, unter dem er richtige Eskimokleidung trug, und reichte dem Mann einen aus mehreren Strähnen geflochtenen Riemen. Der Jäger bedankte sich, und dann gingen sie auseinander. Der Mann zum Festland hin, der Bär zum Meer.

Im Dorf wollte dem Jäger tatsächlich niemand glauben, als er von seinem Abenteuer und seiner Rettung durch den weißen Bären berichtete. Doch da zeigte er den Riemen vor. Alle betrachteten ihn staunend und betasteten ihn. Nie hatten sie Ähnliches gesehen und wußten auch nicht zu sagen, woraus der seltsame Riemen geflochten war. Da glaubten sie dem Mann, daß er die Wahrheit gesprochen hatte.

Und der Jäger?

Der dachte oft an den weißen Bären, dem er das Leben verdankte. Aber er wartete vergeblich darauf, seinem Retter einen ähnlichen Dienst erweisen zu können.

Er konnte ja nicht wissen, daß es kein gewöhnlicher Bär gewesen war, sondern der Geist der weißen Bären.

Und der braucht keines Menschen Hilfe.

DER RABE, DER STARK UND KLUG SEIN WOLLTE

In einer Rabenkolonie wuchs einmal ein junger, verwaister Rabe heran. Und weil er schwach war und unerfahren, hatte er gar viel auszustehen von seinen Gefährten, die ihm oft übel mitspielten.

‚Ich lebe zwar in der Gemeinschaft, aber ich bin schlimmer dran, als wenn ich ganz allein wäre', überlegte der Rabe. ‚Ich muß etwas unternehmen, um die anderen auszustechen, damit sie mich endlich in Ruhe lassen.' Er sah sich genauer in der Kolonie um und stellte dabei fest, daß es die Raben, die stark und groß waren, am besten hatten. An die wagte sich keiner heran.

‚Ich muß stark sein!' beschloß der Rabe. ‚Der Stärkste von allen. Muß am höchsten und weitesten fliegen können.'

Und so begann er zu üben. Um starke Beine zu bekommen, sprang er unermüdlich auf und nieder. Um seine Flügel zu kräftigen, flog er weite Strecken im Hoch- und Weitflug. Die anderen faulenzten und ruhten sich aus, aber unser junger Rabe sprang und flog ohne Rast und Ruh.

Einmal flog er so hoch, daß er die Erde nicht mehr sehen konnte. Weil er schrecklich müde war, meinte er, er könne ruhig, bis er wieder unten sei, ein kleines Nickerchen machen. Und schloß die Augen. Nur daß er auf diese

Weise viel schneller landete als gedacht und natürlich alles andere als sanft. Er konnte noch von Glück reden, daß er sich nichts gebrochen hatte. Als er sich von seinem Schreck erholt hatte, meinte er bei sich: ‚Ich bin nun eigentlich stark genug, aber noch ziemlich dumm. Kraft ohne Verstand, das ist nicht viel wert. Ich muß auch noch klug werden!'

Er ruhte sich ein wenig aus, dann schwang er wieder die Flügel und flog auf. Er kreiste über der Gegend und beobachtete das Land unter sich. Da sah er zwei Rentiere und verspürte sogleich Hunger. Er verfolgte sie. Am liebsten hätte er ja beide erlegt, wußte aber nicht, wie er das anstellen sollte. ‚Wenn ich das eine angreife, reißt mir das andere aus. Und wenn ich noch lange überlege, dann entkommen beide.' Schweren Herzens ließ er also das eine Tier laufen und tötete das zweite. Er aß sich tüchtig satt und war mit sich selbst zufrieden, weil er sich so klug angestellt hatte.

Da kam eine Eule geflogen, und als sie sah, wie der Rabe fraß, da wurde sie ganz neidisch. „Gib mir doch ein Stück ab", bat sie. „Du hast ja genug."

„Von mir aus kannst du den ganzen Rest haben, aber du mußt ihn dir verdienen."

„Und wie?"

„Wir wollen um die Wette zum See und zurückfliegen. Wenn du schneller bist, gehört das Fleisch dir."

Die Eule war einverstanden. Sie flog, so schnell sie nur konnte, aber der Rabe flog wie ein Pfeil und war als erster wieder zurück.

Die Eule wollte sich aber nicht so schnell geschlagen geben.

„Laß uns miteinander ringen", schlug sie vor. „Wer gewinnt, der bekommt das Fleisch."

Der Rabe hatte nichts dagegen, aber auch diesmal ging er als Sieger hervor. Die Eule hatte das Nachsehen und flog wütend davon.

‚Ich bin wirklich stark!' freute sich der Rabe und verschlang zufrieden auch noch den Rest des Rentiers. ‚Bestimmt bin ich von allen Raben der Stärkste!' Selbstzufrieden schwang er seine Flügel. Und in seinem Übermut traute er sich sogar zu, direkt über den großen See nach Hause zu fliegen. Doch der See war viel größer, als unser Rabe gedacht hatte. Seine Flügel erlahmten, noch ehe er das Ziel erreicht hatte, und er landete im Wasser und konnte gerade noch mit Müh und Not an Land schwimmen.

„Ich bin ein großer Dummkopf!" schalt er sich selbst. „Um ein Haar wäre ich ertrunken und hätte meinen Ehrgeiz mit dem Leben bezahlt."

Er schüttelte das Wasser aus seinem Gefieder, und dann schlief er erschöpft ein.

Hoch in der Luft kreiste ein Adler, der erspähte den Raben, flog zu ihm hinab und zog ihn am Schwanz.

Der Rabe war im Nu hellwach.

„Was weckst du mich?“ fuhr er den Adler an, den alle anderen Vögel fürchteten.

„Sei mir nicht böse, aber ich wollte so gern den stärksten aller Raben kennenlernen.“

„Das hätte doch wohl Zeit gehabt, bis ich ausgeschlafen habe“, meinte der Rabe und dachte dabei: ‚Sieh einer an, sogar der Adler weiß schon, wie stark ich bin.‘

„Ich wollte dich zum Essen einladen“, erklärte der Adler.

„Das ist etwas anderes, da sage ich nicht nein.“

Sie flogen zum Horst des Adlers und ließen es sich schmecken. Nach dem Essen sagte der Adler: „Weißt du, ich möchte mich gern selbst davon überzeugen, wie stark du bist. Wir wollen miteinander kämpfen.“

‚Na ja, ich würde den Adler ganz gern besiegen‘, überlegte der Rabe. ‚Aber er ist größer, und wer weiß, wie es ausgeht.‘

„Ich weiß etwas Besseres, wie wir unsere Kräfte messen können“, erwiderte er deshalb.

„Und das wäre?“

„Wir fliegen beide so hoch wir nur können und lassen uns dann wie ein Stein fallen. Wer das größere Loch in die Erde schlägt, der hat gewonnen.“

„Das ist keine schlechte Idee“, stimmte der Adler zu.

Beide flogen so hoch sie nur konnten und stürzten sich dann kopfüber hinab. Aber während der Rabe kurz über der Erde seine Flügel ausbreitete und weich landete, prallte der Adler wie ein Stein auf und war auf der Stelle tot.

„Tut mir leid, mein Freund“, sagte der Rabe, „aber du hast es ja so gewollt.“

Er schwang seine Flügel und flog weiter, wobei er zufrieden krächzte: „Ich bin stark — und dumm bin ich auch nicht mehr!“

DER RIESENADLER

Ein Vater ging einmal mit seinem Sohn auf Rentierjagd. Doch die Tundra war wie ausgestorben, von allem Leben verlassen, die Rentierherden zogen andere Wege. Als die beiden schon mehrere Tage durch das weite Land gestreift waren, ohne auch nur auf eine einzige Rentierspur zu stoßen, sagte der Vater zum Sohn: „Wenn wir zu zweit kein Glück haben, sollten wir es vielleicht jeder allein versuchen. Geh du nach Norden, und ich werde nach Süden gehen."

Und so trennten sie sich.

‚Morgen habe ich bestimmt mehr Glück', sagte sich der Vater Tag für Tag. Aber es blieb bei dem Wunsch. Einmal glaubte er, in der Ferne eine große Herde zu sehen. Aber als er näher kam, erwartete ihn nur neue Enttäuschung. Was er von weitem für Rentiere gehalten, das waren große, schwarze Felsblöcke, die wie versteinerte Tiere aussahen.

‚Wenn man Steine essen könnte, hätte ich für mein Lebtag ausgesorgt', dachte der Mann verbittert. Er setzte sich auf einen Stein, um ein wenig auszuruhen. Müde starrte er in den Himmel und überlegte, was er tun sollte. Weiter nach Süden ziehen, bis dorthin, wo die Tundra zu Ende ist, oder lieber umkehren. Er dachte an den Sohn und wie es dem wohl ergangen sein mochte.

Zwischen den graublauen Wolken erschien auf einmal eine dunklere. Sie flog schneller und auch viel tiefer als die anderen. Der Jäger beobachtete die Wolke neugierig, und da erkannte er, daß es gar keine Wolke war, sondern ein großer Vogel, ein riesiger Adler. Und als das Ungetüm über ihm war, da sah er, daß es einen Menschen in seinem Schnabel trug. ‚Das wird doch nicht mein Sohn sein!' erschrak der Mann. Er sprang auf und starrte dem Vogel nach, der sich in seinem Horst auf einem nahen Felsen niederließ. Der Mann

hatte nur einen einzigen Gedanken: War das mein Sohn? Ehe er sich gefaßt hatte, flog der Adler wieder auf und diesmal direkt auf ihn zu. Der Mann ergriff entsetzt die Flucht. Bis zu seinem Wohnplatz war es noch weit. Im letzten Augenblick, als er schon das Rauschen der Flügel dicht über sich hörte, kroch er unter einen Felsvorsprung, wohin ihm der Adler seiner Größe wegen nicht folgen konnte.

Der Riesenvogel setzte sich auf den Felsen und begann diesen wütend mit seinem Schnabel zu bearbeiten. Der Jäger lauschte mit angehaltenem Atem, wie die Steinsplitter davonflogen. Wie lange würde es dauern, bis der Adler das letzte Stück abgespalten hatte? Vorsichtig lugte er hinaus. Der Vogel war so in sein Werk vertieft, daß er ihn gar nicht bemerkte. Da schlüpfte der Mann leise aus seinem Versteck und rannte davon. Aber dem scharfen Adlerauge entging er doch nicht. Er rannte mit dem Wind um die Wette, aber weit wäre er wohl nicht gekommen. Schon hörte er wieder das Flügelrauschen über sich, aber auch diesmal hatte er Glück. In letzter Minute fand er eine rettende Felsspalte. Sie war so schmal, daß er sich nur schwer hineinzwängen konnte, und der Adler streckte vergebens seine Krallen nach ihm aus.

Doch das Untier wollte auch jetzt seine Beute nicht so leicht fahrenlassen. Wieder hämmerte er wie wild mit dem Schnabel auf den Stein ein, daß die Splitter nur so nach allen Seiten stiebten.

Der Jäger wollte nicht warten, bis der Adler sich zu ihm vorgearbeitet hatte. So schlüpfte er auf der anderen Seite zu dem Spalt hinaus und rannte zu einer einsamen Hütte, die nicht weit entfernt war.

Zwar bemerkte ihn der Riesenvogel bald und flog ihm nach, aber er kam zu spät. Der Jäger verschwand in der Hütte. Lange lauerte der Adler darauf, daß der Mensch herauskommen würde, aber der Mann war auf der Hut. Er wartete geduldig, bis alles ruhig war und das Rauschen der mächtigen Flügel in der Ferne verklungen war. Erst dann wagte er sich heraus. Der Riesenadler war verschwunden.

Nun überlegte der Jäger nicht länger und machte sich unverzüglich auf den Heimweg. Er war froh, mit dem Leben davongekommen zu sein, aber der Gedanke an den Sohn ließ ihm keine Ruhe. Würde er ihn je wiedersehen? Je näher der Mann seinem Wohnplatz kam, um so schwerer wurde sein Schritt. Er machte sich bittere Vorwürfe, daß er vorgeschlagen hatte, sich von ihm zu trennen. Wenn sie zusammengeblieben wären, wäre ihnen gewiß nichts zugestoßen, zu zweit hätten sie sich schon des Adlers erwehrt. Mit diesen trüben Gedanken schritt er weiter, seinem Wohnplatz entgegen.

Zu Hause aber erwartete ihn eine freudige Überraschung. Der Sohn, den er in Gedanken schon tot geglaubt, kam ihm entgegen.

„Endlich kommst du Vater!“ begrüßte er ihn freudig. „Ich hatte mir schon Sorgen um dich gemacht.“

Und dann hatten sie einander viel zu erzählen. Der Sohn, daß er einige Rentiere erlegt hatte, und der Vater von dem Abenteuer mit dem Riesenadler.

Seit der Zeit aber trennten sich die beiden auf der Jagd nie wieder. Ob ihnen das Jagdglück hold war oder nicht, sie blieben immer beisammen.

DAS ENDE DES GROSSEN SCHAMANEN

Einst wollte ein junger Mann die Welt kennenlernen. Er war allein, und so hielt ihn niemand zurück. Er nahm Speer, Pfeil und Bogen und spannte die Hunde vor den Schlitten.

‚Wenn ich immer geradeaus fahre, werde ich eines Tages wieder von der anderen Seite nach Hause kommen', meinte er.

Er spornte das Gespann an, und los ging's. Lange fuhr er, bis er vor sich eine Blockhütte sah. Es dämmerte bereits, und so wollte er hier übernachten. Er trat ein und wurde von einem weißhaarigen Greis begrüßt, der ihm bereitwillig ein Nachtlager anbot.

„Aber ich habe nichts, womit ich dich bewirten könnte."

„Ich habe selbst genug", erwiderte der Bursche und bereitete das Essen für sich und seinen Wirt.

Am nächsten Morgen schenkte ihm der Greis zum Abschied eine Trommel.

„Nimm sie, du wirst sie vielleicht einmal gebrauchen können", sagte er.

Der junge Mann bedankte sich und setzte seine Reise fort. Als die Hunde schon müde waren, stießen sie wieder auf eine Blockhütte. Sie gehörte einem alten Mann, der froh war, wieder mal einen lebendigen Menschen zu sehen.

Der Alte bereitete seinem Gast ein Nachtlager und bedauerte, daß er ihm nichts zu essen vorsetzen könne, weil er selbst nichts habe.

Der junge Mann holte Fleisch aus seinen Vorräten, so viel, daß es für beide reichte.

Zum Abschied schenkte der Greis dem Burschen seine Peitsche. „Etwas Besseres habe ich nicht, aber vielleicht wirst du sie gebrauchen können."

Der Jüngling knallte mit der Peitsche, und die Hunde jagten los. Sie fuhren lange, und als es Nacht wurde, kamen sie wieder zu einer einsamen Blockhütte. Darin lebte ein uralter Mann, der den Gast herzlich aufnahm.

„Du machst mir eine Freude, wenn du bei mir übernachtest. Aber leider habe ich nichts, womit ich dich bewirten könnte."

„Darum brauchst du dir keine Sorgen zu machen", entgegnete der Jüngling und bereitete für beide ein reichliches Mahl. Sie aßen sich satt und gingen dann schlafen.

Am Morgen nahmen sie wie gute Freunde Abschied. Der Alte steckte dem Jüngling einen Rentierknochen zu und erklärte: „In der Not wird er dir nützlich sein."

Auch an diesem Tag zog der Jüngling unermüdlich weiter und als er müde war hielt er nach einer Hütte Ausschau, wo er übernachten könnte. Doch vergebens. Er mußte sich notgedrungen aus Schnee einen Iglu bauen, um vor der Kälte geschützt zu sein. Als er dies getan, fütterte er erst die Hunde und packte dann sein eigenes Essen aus. Dabei kramte er auch den Rentierknochen heraus, den ihm der Alte am Morgen geschenkt hatte. ‚Was soll ich mit einem nackten Knochen?' sagte er sich. ‚Höchstens den Hunden vorwerfen. Ja, wenn noch das Fleisch dran wäre, das wäre was anderes! Das ließe ich mir wohl gefallen!'

Kaum aber hatte er das gedacht, da verwandelte sich der Knochen vor seinen staunenden Augen in eine Rentierkeule. Der Jüngling kostete davon und staunte noch mehr: Solch köstliches Fleisch hatte er bisher noch nie gegessen. Er biß heißhungrig in die Keule und aß sich satt. Um sich zu überzeugen, ob der Knochen wirklich ein Zauberknochen war, dachte er wieder: ‚Wenn er doch voll Fleisch wäre!' Und hielt im gleichen Augenblick wieder eine ganze Keule in der Hand.

Fröhlichen Sinnes zog er weiter. Gegen Abend führte ihn sein Weg in ein Dorf, und dort klopfte er gleich an der ersten Hütte an. In der Hütte wohnte ein Mann mit seiner Tochter.

„Für einen guten Menschen findet sich bei uns immer ein Plätzchen", sagte der Vater, als ihn der fremde junge Mann um ein Nachtlager bat. „Wir würden dir auch gern ein Abendessen vorsetzen, aber wir haben selber nichts mehr."

„Keine Angst, Fleisch habe ich genug", meinte der Jüngling lachend und bewirtete seine Gastgeber mit der Zauberkeule. Vater und Tochter meinten begeistert, noch nie etwas so Köstliches gegessen zu haben.

Am nächsten Tag hatte es der junge Mann auf einmal gar nicht mehr so eilig mit der Weiterfahrt, so sehr gefiel ihm die Tochter seines Wirts. ‚Wozu in der weiten Welt herumziehen, wenn ich heiraten und mich hier niederlassen könnte', überlegte er. Schließlich nahm er allen Mut zusammen und bat den Vater um die Hand des Mädchens.

„Ich würde dir ja gern meine Tochter zur Frau geben", sagte der Vater. „Aber die Sache hat einen Haken. Unser Häuptling ist ein großer Schamane, der alle Frauen im Dorf für sich beansprucht. Sobald er davon erfährt, wirst du ihm deine Frau geben müssen."

Doch der Jüngling ließ sich nicht abschrecken und heiratete das Mädchen. Mit dem Schamanen wollte er schon fertigwerden.

Es kam genau so, wie der Vater vorausgesagt hatte. Als der Schamane von der Hochzeit erfuhr, befahl er, der junge Mann solle ihm seine Frau zuführen. „Ich gehe allein zum Schamanen!" erklärte der Jüngling.

„Geh nicht!" warnte der Vater. „Wenn du hinkommst, nimmt er seine Zaubertrommel und läßt dich zu Tode tanzen."

„Das werden wir ja sehen!" erwiderte der Schwiegersohn und holte die Trommel hervor, die ihm der erste Greis geschenkt hatte.

Der Schamane empfing ihn mit den Worten: „Ich bin ein großer Schamane, und alle Frauen im Dorf gehören mir. Bring mir deine Frau, und wir werden Freunde sein!"

„Ich habe nicht deshalb geheiratet, um meine Frau einem anderen zu geben!" erklärte der junge Mann.

„Nun, wie du willst", sagte der Häuptling und begann zu trommeln.

In dem Augenblick mußte der Jüngling tanzen, ob er wollte oder nicht. Aber dabei holte er schnell seine eigene Trommel hervor und begann auch zu trommeln. Und nun mußte der Schamane tanzen, so lange, bis ihm die Trommel aus der Hand fiel und er zu bitten anhob: „Genug, genug, du hast gewonnen."

Der junge Mann hörte auf zu trommeln und ging nach Hause.

Am nächsten Tag befahl der Häuptling wieder, er solle ihm seine Frau zuführen.

„Ich gehe allein hin", erklärte der junge Mann.

„Geh nicht", riet ihm der Schwiegervater. „Wenn du hinkommst, nimmt er seine Peitsche und prügelt dich tot."

Aber der Jüngling war nicht zu halten. Er nahm die Peitsche, die ihm der zweite Greis geschenkt hatte, und ging.

„Ich bin ein großer Schamane, und alle Frauen im Dorf gehören mir", empfing ihn der Häuptling. „Bring deine Frau zu mir wie die anderen, und wir werden Freunde sein."

„Meine Frau gehört nur mir, und so wird es bleiben!"

„Gut, wie du willst", antwortete der Häuptling. Er langte nach der Peitsche und wollte auf den Mann einschlagen.

Der aber zog auch seine Peitsche hervor und verprügelte den Häuptling, bis der umfiel und flehte: „Genug, halt ein! Du hast gewonnen."

Da steckte der junge Mann die Peitsche wieder weg. Und im Hinausgehen sagte er noch: „Ich lade dich für morgen zum Essen ein."

Als am nächsten Tag der Häuptling zu Besuch kam, trug der junge Mann seiner Frau auf, die Rentierkeule zu bringen. Die setzte er dann dem Schamanen vor und forderte ihn auf zuzulangen. Der kostete von der Keule und meinte, noch nie etwas so Köstliches gegessen zu haben. Er aß und aß, aber die Keule nahm nicht ab, denn der Jüngling hatte sich vorher gewünscht, das Fleisch solle immer gleich nachwachsen.

Schließlich legte der Schamane die Keule auf den Teller zurück und erklärte: „Nun habe ich aber wirklich genug." Doch dabei schielte er immer wieder verlangend nach der Keule, bis er erneut danach griff und von neuem zu essen anhob. Er aß und aß, und sein Bauch wurde immer dicker. „Eine köstliche Keule! Ich kann einfach nicht aufhören!" seufzte er und schlang einen Bissen nach dem anderen herunter.

So lange, bis er platzte.

Das war das Ende der Herrschaft des bösen Schamanen über das Dorf. Die Frauen kehrten zu ihren Männern zurück, und alle waren dem jungen Mann dankbar.

NACHWORT

Eskimo-Stämme gibt es in Sibirien, Alaska und Kanada, Labrador und Grönland, d. h. ihre heutigen Wohngebiete erstrecken sich über eine Entfernung von über 10.000 km.

Es leben heute weniger als 100.000 dieser Eskimos, die meisten in Grönland, etwas weniger in Alaska, etwa 15.000 in Kanada und vielleicht noch 2.000 im nordöstlichen Sibirien.

In Nordamerika haben sich Eskimogruppen auch den Indianern der Nordwestküste angenähert und manche Einzelheiten aus deren Weltbild übernommen, in Grönland gibt es kaum noch reinrassige Eskimos, dort haben sie sich sehr stark mit Europäern vermischt. Die Eskimo-Siedlungen liegen jeweils an der Küste, ihre Kultur zeigt deutlich, daß die Jagd auf Meeressäugetiere ein wesentlicher Bestandteil ihres Lebens war, in Nordamerika leben aber auch die Karibu-Eskimos im Innern des Landes, sie machen auf die Karibu-Rentiere Jagd.

Die ältesten archäologischen Nachweise der Eskimos sind etwa 5.000 Jahre alt (Cape Deubigh im Nordwesten von Alaska). Man geht davon aus, daß schon viel früher Eskimo-Stämme lebten, doch gibt es dazu keine archäologischen Funde.

Eine Hochblüte gab es in der Zeit etwa 500 v. u. Z. bis zum Jahr 200. Diese Tunit- oder Tornit-Stämme kannten bereits die Iglus und das Schneemesser. Um das Jahr 300 wurden sie von der sog. Thule-Kultur abgelöst. Seit dieser Zeit ist die Eskimo-Kultur wesentlich von der Jagd auf Meeressäugetiere gekennzeichnet. Das Walbein wurde zum Schnitzen von Kunstwerken benutzt — ähnlich wie anderswo das Elfenbein — aber auch beim Bau von Häusern fand Walbein Verwendung.

Das erste belegte Zusammentreffen zwischen Europäern und Eskimos ist um 982/83 nachgewiesen, als Erik der Rote aus Norwegen von Island nach dem heutigen Grönland segelte, doch dürften schon 100 Jahre früher norwegische Segler nach Grönland vorgedrungen sein.

Um das Jahr 1000 begann die erste Christianisierung Grönlands, im 14.

Jahrhundert trat eine Klimaverschlechterung ein und die Verbindungen zu Europa brachen ab.

Von 1721 bis 1736 kam der „Apostel der Eskimos“, der Däne Hans Egede nach Grönland, er schrieb alte Eskimomärchen und Legenden auf, sein Sohn Paul führte sein Werk fort und verfaßte ein Wörterbuch.

Der Herrnhuter C. G. Albrecht zeichnete 1863 13 Märchen in Okak Labrador auf und übersetzte sie ins Deutsche.

Der Däne Knud Rasmussen schrieb eine 3-bändige Sammlung mit Mythen, Sagen, Märchen und Erzählungen der Eskimos auf, in den USA war es der Deutschamerikaner Franz Boas († 1942), der die Überlieferung der Eskimos sammelte.

Die Religion der Eskimos ist animistisch, d. h. sie glaubten an Naturkräfte. Sie kannten keinen höchsten Gott, große Bedeutung hat die Anarquashag, die Herrscherin der Meere, auch Silap inua, der Geist der Lüfte nimmt einen wichtigen Platz ein.

Vermittler zwischen Menschen und Naturgottheiten sind die Schamanen; bei den Eskimo-Stämmen, die mit Indianern nähere Berührung hatten, wird dieses Schamanentum besonders deutlich, so daß die Frage auftauchte, ob die Schamanen in der ursprünglichen Eskimo-Kultur noch nicht vorhanden waren und erst von Indianerstämmen übernommen wurden.